MW01243276

Título original de la obra:

COMPLEMENTARITY A collaborative tool for the solution of complex problems

1ª edición, 2020

Original edition *Complementarity A collaborative tool for the solution of complex problems* by Eduardo E. Ochoa, PhD

Editorial a cargo de María Estela Leyva Jurado

ISBN: 9798676967376
Sello: Independently published

EDUARDO E. OCHOA, PHD

COMPLEMENTARIEDAD

UNA HERRAMIENTA COLABORATIVA EN LA SOLUCIÓN DE PROBLEMAS COMPLEJOS

Traducción por el mismo autor

Este libro está basado en mi tesis doctoral en Psicología Jungiana por la Universidad de Saybrook de San Francisco, California.

*Este libro está dedicado a la memoria de
mis mentores:el Dr. Wayne Strom de la
Universidad de Pepperdine
y el Dr. Eugene Taylor
de la Universidad de Harvard*

Mi eterna gratitud a mis amigos Estela y Jesús Díaz

ÍNDICE

Prefacio

PREFACIO

El desarrollo de la Física y la Psicología a principios del Siglo XX parece tener varias implicaciones análogas. La Psicología, por una parte, había encontrado en lo profundo del psique una fuerte conexión con la materia, mientras la física, por otra parte, de manera similar, encontró una fuerte conexión entre la materia y el psique.

Mientras que la naturaleza de estas conexiones permanecen desconocidas y elusivas, la posibilidad de trascender el dualismo de la mente y la materia le da motivación a los investigadores para desarrollar una visión más unificada del universo (McFarlane, 2000).

Siguiendo el desarrollo de la idea de Complementariedad, con sus inicios en 1890 en la Filosofía de William James y continuando con el trabajo de Carl Jung sobre la relación entre el consciente y el inconsciente en los años 50's (Ver Figura 1), un fuerte diálogo filosófico puede ser observado entre los campos de la Psicología y la Física. Cada participante en esta conversación era un líder en su campo de experiencia. Un análisis cronológico del flujo de los conceptos e ideas sobre Complementariedad muestra su evolución y su importancia en el desarrollo de nuevo conocimiento en la ciencia, incluyendo trabajos recientes en los campos de Biología Molecular y Neurociencias.

Hinterberger y von Stillfried (2012) citan el diccionario de *Ciencias y herencia americana* para proveer una definición de Complementariedad como sigue:

> El concepto es que las propiedades básicas de las entidades (especialmente las partículas sub-atómicas) se pueden manifestar así mismas en formas contradictorias en tiempos diferentes, dependiendo de las condiciones de observación, por lo tanto, cualquier modelo físico de una entidad exclusivamente en términos de una forma o de otra estarán necesariamente incompletos. Por ejemplo, aun mientras un entendimiento de Mecánica Cuántica unificado de tal fenómeno como es la luz ha sido desarrollado, la luz algunas veces exhibe propiedades de onda y algunas veces propiedades de partícula (un ejemplo de la dualidad onda ~ partícula) (p. 3).

La definición muestra cómo el concepto de la Complementariedad es considerado normalmente como directamente relacionado al campo de la Física Cuántica, pero no es visto como un elemento general de una teoría de conocimiento.

El concepto de Complementariedad ha aparecido en la historia de la ciencia siempre que los científicos han requerido trabajar con los problemas más complejos. El concepto también ha cruzado los límites de diferentes campos de estudio, principalmente de Psicología a Física y a Biología y de

2

nuevo a Psicología. Cada vez que el concepto era aplicado, este era transformado y mejorado, de tal manera que su valor como una herramienta heurística en la solución de problemas complejos ha crecido con el tiempo. La evidencia histórica muestra un claro diálogo entre miembros clave en los campos de la psicología y la física, luego migrando de la física a la biología, en donde cada participante era capaz de usar el conocimiento de su predecesor para avanzar en su campo de estudio. Valsiner (2013) describe como la Complementariedad fue la mayor contribución hecha a la ciencia por Niels Bohr, como parte de la interpretación de Copenhague de la Mecánica Cuántica, originándose en las ideas de William James con mediación de Høffding y Rubin. Valsiner indica que "tal movimiento tan fructífero de las ciencias humanas a las ciencias naturales traer ideas a través de límites de distintas disciplinas es la mayor característica de la tradición intelectual danesa" (Valsiner, 2013, p. 1).

En el capítulo "La relación de las mentes con otras cosas," que se encuentra en el libro de James *Los principios de la psicología* (1890), James describe como Janet y Binet demostraron que, en el uso de anestesia, "y coexistiendo con esta, se encuentra también ahí una sensibilidad a las partes anestésicas, en la forma de una conciencia secundaria enteramente aislada de la conciencia principal o normal, pero susceptible de ser accesible y hacerla testificar sobre su existencia en varias maneras extrañas" (James, 1890, p. 203). Más tarde, en el mismo capítulo, James indica que en algunos individuos sus conciencias pueden ser separadas en "partes que co-existen pero se ignoran mutuamente una a la otra, y comparten los objetos de conocimiento entre ellas. Más notable aun, estas son *complementarias*" (James, 1890, p. 206, itálicas agregadas por el autor).

En Septiembre de 1927, en Como, Italia, durante el Congreso Internacional de Física Volta, Niels Bohr por primera vez introdujo al público su formulación de Complementariedad (Holton, 1973, p. 99). Al abordar el comportamiento de partículas al nivel cuántico, Bohr requirió alejarse de la Física Clásica y usar una base filosófica diferente. El problema era cómo explicar el comportamiento de algunas propiedades de la materia al nivel de partículas elementales, tal como el momento y la posición, de una manera que se mantuviera el Principio de Incertidumbre de Heisenberg. De manera similar el concepto de conciencias separadas descrito como "complementario" por James en 1890, una descripción de las propiedades del momento y la posición en partículas elementales siendo "complementaria" una a la otra fue provista por Bohr en su trabajo futuro en Mecánica Cuántica.

Wolfgang Pauli también se había impresionado con los trabajos de William James, particularmente en relación al concepto de modelos de conciencias co-existentes y posiblemente separadas, el "ser superior" y el "ser inferior," los cuales, aun cuando se desconocen mutuamente y se ignoran uno al otro, tienen efectos complementarios uno sobre el otro. La correspondencia de Wolfgang Pauli con Carl Jung por más de veintiséis años revela dos grandes mentes trabajando en campos de experiencia que:

> Vieron el desarrollo más extenso en el intelecto occidental del siglo XX. Cada científico con la intención de mover los límites entre lo conocido y lo desconocido en su propio campo. Cada uno teniendo la imaginación para cruzar las líneas dentro, más allá y entre sus propias disciplinas para poder buscar las conexiones entre lo observable y lo desconocido. Cada uno, también, teniendo la humildad necesaria para buscar precedentes en el pasado, y teniendo también la arrogancia necesaria para arriesgar la especulación sobre el futuro (Zabriskie, 1995, como es citado en Meier, 2001, p. xxviii).

Más aún, como lo describe Marie-Louise von Franz,

> Los inesperados paralelismos de las ideas en psicología y física sugieren, como Jung lo señalo, una posible unidad completa de ambos campos de realidad que la física y la psicología estudian..... el concepto de una idea unitaria de la realidad (la cual tuvo seguimiento por Wolfgang Pauli y Erich Neumann) fue llamada por Jung el *Unus Mundus* (el mundo único, dentro del cual materia y psique no están todavía discriminados o actualizados separadamente) (como lo cita McFarlane, 2000, sin número de página).

5

Después de trabajar con la Complementariedad para desarrollar los principales conceptos de la Mecánica Cuántica, Bohr continuó expandiendo su influencia a otros campos como la biología. Varios físicos influenciados por Bohr y por Schrödinger migraron a ese campo, como fue el caso de Max Delbrück y Francis Crick, quienes más tarde se convirtieron en participantes clave en el desarrollo de la Biología Molecular y el descubrimiento de la estructura del ADN. Estos científicos también mantuvieron un fuerte alineamiento con el concepto de Complementariedad.

El enfoque de este libro es el analizar la evolución del concepto de Complementariedad y cómo este ha sido usado en los campos de la física, la psicología y la biología como una herramienta para apoyar el desarrollo de nuevo conocimiento y trabajar con problemas complejos. La Figura 1 describe el flujo cronológico del concepto como es descrito en los siguientes capítulos. Para este propósito, el análisis inicia con un resumen de los principales conceptos psicológicos y filosóficos encontrados en los trabajos de los participantes clave en el desarrollo de la Complementariedad, de la manera en que estos conceptos seguramente influenciaron más a los subsecuentes participantes en la cadena. Como se indicó anteriormente, es importante revisar los elementos principales de la filosofía pragmatista de James, debido a que existe clara evidencia de que el trabajo de James fue leído por

Høffding y Bohr, y de igual manera es importante revisar la filosofía de Høffding, ya que sus trabajos fueron eventualmente leídos por Rubin y por Bohr, y así sucesivamente, en la cadena de la evolución del concepto de Complementariedad, el cual alcanzo su punto más alto durante el desarrollo de la Mecánica Cuántica por Niels Bohr. En esta iteración, el concepto tiene sus raíces filosóficas como una herramienta epistemológica del trabajo de James sobre las relaciones: continuidad y discontinuidad, sujeto y objeto, y su análisis sobre las partes y el Todo, más tarde extendido por Harald Høffding para influenciar a Niels Bohr y el trabajo colaborativo entre el psicólogo Carl Jung y el físico Wolfgang Pauli.

Mi argumento continúa describiendo cómo la Complementariedad sigue siendo usada junto con la Física Cuántica en la solución de problemas de la biología y las ciencias cognitivas. Ya que evidencia del uso de la Complementariedad es encontrada en el trabajo de Max Delbrück en microbiología y más recientemente en los estudios de los procesos cerebrales y los estudios de la Conciencia, bajo los nombres de Dinámica de Coordinación y Metaestabilidad.

Los Capítulos 1 y 2 proveen un resumen de los trabajos de William James con relación a la mente y la materia, donde él presenta el concepto de Complementariedad por primera vez, su visión sobre la relación sujeto y objeto, y la filosofía del Pragmatismo. Los capítulos sumarizan las secciones del trabajo de James que probablemente fueron estudiadas más tarde por Niels Bohr y otros físicos que trabajaron en el desarrollo de la Mecánica Cuántica. También describe un análisis de los trabajos del psicólogo danés Harald Høffding quién estudió y expandió la filosofía de James; más tarde, Høffding mantuvo continuos diálogos filosóficos entre 1905 y 1930 con el amigo de Bohr, Edgar Rubin, contribuyendo grandemente al desarrollo de nuevos conocimientos en Física, Psicología y Biología.

Los Capítulos 3 y 4 describen el trabajo llevado a cabo por Niels Bohr para elaborar su teoría de la Mecánica Cuántica, enfocándose en como apoyó su método en el concepto de Complementariedad y otros conceptos filosóficos observados por James, Høffding y Kierkegaard. La intención es mostrar cómo Bohr se encontraba mejor equipado que otros físicos de su tiempo, debido a su previo conocimiento de psicología, y que él utilizó y mejoró el concepto de Complementariedad a través de su trabajo, desde la definición del modelo atómico en 1913 hasta su conferencia en el Congreso de Como en 1927. El capítulo cubre en detalle la descripción de la teoría del conocimiento de Bohr, que más tarde apoyó para que el concepto de Complementariedad se extendiera a otros campos, junto con la evolución de la Complementariedad de Bohr en el análisis de la dualidad onda ~ partícula y su trabajo en referencia al debate Einstein-Podolski-Rosen (EPR), incluyendo una fuerte colaboración con el Físico Wolfgang Pauli.

Los Capítulos 5 al 7 se enfocan en la colaboración entre Pauli y Carl Jung, la cual fue clave en el desarrollo de la Psicología Analítica y el estudio del psique. Esta colaboración utilizó algunos de los conceptos de Complementariedad para analizar tales elementos como las relaciones entre opuestos, sincronicidad, y los conceptos de los arquetipos y del *Unus Mundus*. Estos capítulos ofrecen un análisis del alineamiento entre el concepto de Complementariedad y los trabajos sobre alquimia, incluyendo el elemento de la *Boda Alquímica*. Concluyen con una descripción del Principio de Exclusión de Pauli, el cual incluye un alineamiento fuerte con la simbología de los números 3 y 4, y el reciente trabajo desarrollado con respecto al concepto conocido como la *Conjetura Pauli-Jung*.

Los Capítulos 8 y 9 describen cómo la Complementariedad continuó siendo utilizada después de su exploración de la Física Cuántica, particularmente en los campos de la biología y las ciencias cognitivas. Los capítulos proveen una descripción del desarrollo del trabajo de Max Delbrück en microbiología, incluyendo un análisis de la influencia de Niels Bohr sobre el trabajo de Delbrück. Los capítulos también muestran como la Complementariedad ha sido más recientemente usada en la solución de problemas con

9

sistemas biológicos complejos, incluyendo el cerebro y la genética, y proveen una descripción de la Dinámica de Coordinación y la Metaestabilidad, los cuales tienen una fuerte base en la filosofía de la Complementariedad y son ampliamente usadas hoy en Neurociencias para estudiar la manera en que trabajan los procesos cerebrales. Los Capítulos 10 y 11 concluyen con una reflexión de cómo la biología está pasando por un cambio de paradigma mayor, como es descrito por Thomas Kuhn, de ser un campo que ha tenido una larga historia de éxitos apoyados por métodos reduccionistas y deterministas, pero ahora necesita de nuevas teorías para abordar los retos presentados por la complejidad de los sistemas vivos.

Figura 1

Evolución de la Complementariedad

Figura 1 – Evolución de la Complementariedad

Kelso y Otros **2008** **Dinámica de Coordinación**

Max Delbrück **1969** **Biología Molecular**

Carl Jung **1959** **Unus Mundus**

Pauli - Jung **1935** **Mente ~ Materia**

Bohr-Pauli **1928** **Onda ~ Partícula**

Niels Bohr **1927** **Espacio-Tiempo ~ Causalidad**

Evolución
de la
Complementariedad

Høffding - Rubin **1905-1930** **Mente ~ Percepción Bi-estable**

William James **1890** **Personalidades Múltiples**

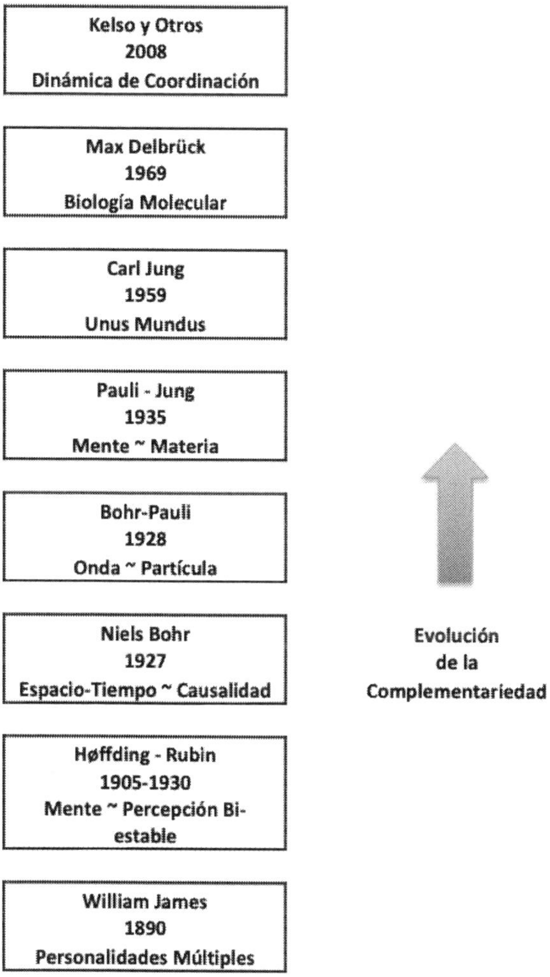

Capítulo 1. William James – Complementariedad y Conciencia en los Inicios de la Psicología

William James fue profesor de Psicología de Harvard desde el principio de los 1870's hasta su muerte en 1910. Fue reconocido como uno de los psicólogos de más influencia en toda la historia de este campo de estudio y se le considera el padre de la psicología Americana. James fue también un autor muy prolífico, quien escribió extensamente acerca de muchos temas en relación con la mente y el cuerpo, la religión y otros temas científicos y no-científicos. Se considera que el trabajo de James marcó el real inicio de nuestra era de neurofisiología y neurobiología (Richardson, 2010, p.1). Siendo uno de los fundadores del Pragmatismo, James también llevo a cabo extensos trabajos sobre la Conciencia humana.

Como se señala por Richardson (2010), hay al menos tres razones por las que recordar a James: primero, él era un científico y doctor en medicina, trabajando como fisiólogo experimental y un psicólogo y llevando a cabo trabajos experimentales en el laboratorio. En este rol James fue clave en el desarrollo de las nociones modernas de la Conciencia humana, de manera paralela con el trabajo de Freud sobre el inconsciente. James investigó extensamente cómo trabaja la mente, y cómo los estados mentales se encuentran conectados a estados del cuerpo de una forma que pueden ser demostrados experimentalmente. El segundo rol de James fue el de filósofo, ya que él fue una de las principales figuras en conceptualizar el *Pragmatismo* , que propone mayor interés en "los frutos que en las raíces de las ideas y sentimientos" (p. 5). Finalmente, el tercero de los principales roles de James, fue el de escritor, particularmente sobre estudios de religión. Su libro *Las Variedades de la experiencia religiosa*, fue el texto fundador de los estudios modernos sobre la religión. En su libro, James indica que la fuente de la religión no reside en los libros, biblias, edificios, credos, profetas, o papas, sino reside en las propias experiencias religiosas del individuo, lo cual varía de persona a persona y de cultura a cultura. La inspiración detrás de la fundación del movimiento de los Alcohólicos Anónimos es atribuida en parte al trabajo de James (pp. 5-6).

James fue influenciado desde tempranamente por sus lecturas sobre Química y Física, lo cual le generó gran interés en los conceptos de energía y fuerza, conceptos que utilizaría más tarde como parte de sus estudios de conciencia y en el desarrollo de sus ideas sobre el "empiricismo radical," debatiendo en contra del monismo y del materialismo. James estaba particularmente interesado en los trabajos del Físico alemán Gustav Fechner, el fundador de la psicofísica, que es el estudio de las mediciones empíricas y su correlación a estados mentales con una experiencia sensorial (Hawkins, 2011, p.1).

Las Bases sobre el problema de la Conciencia Humana

Dentro de las tantas áreas que William James estudió se encuentra el tema del poder entender el proceso de Conciencia humana. Su método de análisis se basa en una forma "funcional" u "operacional" enlazada con la experiencia del individuo, en el cual la función de "comprender" juega un rol clave. James escribió:

> ..... hay una función en la experiencia que piensa en actuar, y es para ese actuar que la calidad del ser es invocada. Esa función es el "comprender".
> La "Conciencia" se asume necesaria para explicar el hecho de que las cosas no sólo son, sino que también son reportadas o explicadas, es decir, son conocidas (James, 1987, p. 1142).

James debatía que debe de haber sólo una "substancia primordial o material en el mundo" la cual es parte de todo lo que es; él le llamó a esta substancia la "experiencia pura" (James, 1987, p. 1142). Esta experiencia tiene una

14

relación dualística, ya que una parte es el sujeto, o el lado que mantiene el conocimiento, y la otra parte es el objeto que es conocido. Describiendo esta relación de Conciencia como "Neo-Kantiana." James dejo establecido que la mínima entidad que puede existir es el par sujeto-y-objeto, ya que no hay conocimiento posible sin que alguien tenga ese conocimiento, por lo tanto esto genera que la Conciencia sea una "necesidad epistemológica" (James, 1987, p.1143). Manteniéndose alejado de un método reduccionista, y observando a la conciencia y a su contenido " no a manera de substracción sino como una manera de adición" (James, 1987, p. 1144), James indicaba que, dependiendo del contexto, una porción de la experiencia juega el rol del "Conocedor" y la otra porción juega el rol de la "cosa conocida", o, dependiendo de la referencia, puede ser tanto un pensamiento o un objeto físico.

El aspecto clave en esta reflexión es que James estaba describiendo un juego de elementos que existen simultáneamente dentro del fenómeno de la Conciencia, lo cual demuestra la visión complementaria de la naturaleza. James extendió este punto diciendo:

> Debido a que (la porción de la experiencia) puede figurar en ambos grupos simultáneamente tenemos todo el derecho de hablar de esto como la parte subjetiva y objetiva al mismo tiempo. El dualismo connotado por tales términos de doble sentido como "Experiencia,"   "Fenómeno," "dato," *"Vorfindung"* –

términos los cuales, en la filosofía de cualquier forma, tienden más y más a remplazar los términos de sentido simple de "pensamiento" y "objeto" – ese dualismo, yo pienso, está todavía preservado en esta condición, pero está re-interpretado de tal forma, que en vez de ser misterioso y elusivo, se vuelve verificable y concreto (James, 1987, p. 1144).

James sumariza su método basado en Complementariedad de la Conciencia anotando que:

Como "subjetivo" nosotros indicamos lo que la experiencia representa; y como "objetivo" cómo la experiencia está siendo representada. Lo que representa y lo que es representado es aquí numéricamente lo mismo; pero debemos recordar que ningún dualismo de ser representado y representarse reside en la experiencia *per se*. En su estado puro, o encontrándose aislado, no hay auto-separación del objeto en la Conciencia y sobre "que" es la Conciencia. Su Subjetividad y Objetividad son únicamente atributos funcionales los cuales se muestran únicamente cuando se "tiene" la experiencia, por ejemplo, cuando se da una descripción, y se duplica de tal manera que es considerada con sus dos contextos respectivamente, por una nueva experiencia en retrospectiva, de la cual la entera complicación pasada ahora forma parte del nuevo contexto (James, 1987, p. 1151).

Para su análisis del problema de la Conciencia, particularmente en lo que respecta al par formado por la

16

relación de sujeto y objeto, James utilizó un método que sugiere la presencia simultánea de ambos elementos, de una forma "aditiva", no-reduccionista.

Alrededor de 1890, al describir el concepto de separación de la Conciencia, James introdujo su concepto de Complementariedad (Atmanspacher & Primas, 2006, p. 15). James continuó escribiendo de manera extensa acerca de la relación entre la mente y la materia, y sus trabajos se mantuvieron como una influencia mayor en el pensamiento científico y filosófico hasta los años 1900s.

Hay algunos elementos de los trabajos de James que tuvieron una influencia particular en la introducción y desarrollo del concepto de Complementariedad, por ejemplo los capítulos titulados "Las relaciones de las mentes y otros objetos" y "El flujo del Pensamiento," que son parte de su libro *Los principios de psicología* (1890).
Existe una discusión continua acerca de los conceptos de "continuidad" y de "discontinuidad" en la filosofía de James sobre el Pragmatismo, al igual que la consideración de la relación del Todo y sus partes. Estas ideas, según serán presentadas más adelante en este libro, son herramientas epistemológicas que parecen trascender e influenciar el trabajo futuro de Høffding, Bohr, y otros, cuando se confrontaron ante situaciones complejas en sus campos de investigación.

17

La Complementariedad de William James

En el libro de James, *Los principios de psicología* (1890) hay un capítulo dedicado a la relación de la mente y los objetos externos. En este capítulo, James analiza la manera en que la mente trabaja con la realidad del mundo material y con el concepto de espacio. James empieza por indicar que, "para la Psicología, una mente es un objeto en un mundo de otros objetos," y "las mentes, como lo sabemos, son existencias temporales." (p.199). Luego James continua analizando las condiciones bajo las cuales la mente muestra espacios vacíos, como en el caso de los sueños, el sonambulismo, e inclusive estando despierto pero distraído sobre lo que está pasando. Concluyendo que la mente se encuentra activa, aun cuando el individuo no se está dando cuenta. James nota que estudios que se llevan a cabo al momento con pacientes con histeria o en estado hipnótico "prueban la existencia de una Conciencia altamente desarrollada en lugares donde no se sospecha que puedan existir rastros de ella" (p. 202).

Presentando los resultados de los trabajos de Pierre Janet y Alfred Binet, quienes estudiaron a individuos bajo los efectos de la anestesia, James describe que "*una sensibilidad a las partes anestésicas también se encuentra presente ahí, en la forma de una conciencia secundaria*, enteramente separada de la conciencia primaria o normal, pero susceptible de ser accesible y demuestra su presencia de varias formas curiosas"

18

(p. 203). Los individuos bajo estas condiciones fueron descritos teniendo un "campo de atención muy limitado de tal manera que "no eran capaces de pensar más que una sola cosa a la vez" (p. 203). Inclusive, aparentemente no podían poner atención mas que a una persona a la vez e ignoraban a todas las demás personas que entraban al cuarto y que trataban de hablar con ellos directamente. Al mismo tiempo, fue observado que, si una persona se acercaba al paciente y le murmuraba al oído la orden de que levantara sus brazos mientras se encontraba entablando una conversación con alguien más, el paciente era capaz de acatar la orden de una manera inconsciente. También, si a esta persona que se encontraba llevando a cabo una conversación se le proporcionaba un lápiz, era posible que empezara a escribir aun cuando su conciencia primaria estuviera completamente aislada de la acción y siguiera participando en la conversación original. Estas y otras observaciones llevaron a James a concluir que existía una conciencia secundaria, completamente desconectada de la conciencia principal (p. 204).

Es como una continuación de estas observaciones que llevan a James a presentar por primera vez el concepto de Complementariedad, cuando el escribe:

> Debe de admitirse, por consiguiente, que en ciertas personas, al menos, la conciencia total puede ser separada en partes que co-existen pero que

19

mutuamente se ignoran una a la otra, y comparten los elementos del conocimiento entre ellas. Aun de manera más notable, estas son *complementarias*. Al darle un objeto a una de las conciencias, por esta sola razón se hace invisible el objeto de la otra u otras conciencias. Descontando algunas condiciones comunes encontradas, como es el caso de el lenguaje o alguna otra información, lo que la Conciencia Mayor conoce, la Conciencia Menor ignora, y vice-versa (James, 1890, p. 206).

Es aquí donde James hace su referencia a las relaciones complementarias. Procediendo a expandir su análisis del comportamiento consciente bajo los efectos del alcohol, como parte de la sugestión post-hipnótica, o cuando el paciente muestra "debilidad anormal, y consecuentemente un defecto de unificar o de coordinar fuerzas." James sugiere que existen diferentes niveles de esta relación de Complementariedad indicando que "entre más exista separación de la mente en conciencias separadas pudiera existir en cada uno de nosotros mayor problema" (p.210).

Un ejemplo esencial presentado en este capítulo está relacionado con el descubrimiento que cuando una persona es puesta bajo una anestesia sistematizada a través de hipnosis, a través de comandos verbales la persona puede hacerse ciega o sorda hacia otra persona que se encuentre presente en el cuarto. El resultado es que la persona bajo hipnosis no puede ver o escuchar al individuo indicado, pero sólo observa una imagen "negativa y retrasada en el tiempo," lo cual indica que la impresión óptica se ha recibido pero que la conciencia de la persona no ha registrado al individuo indicado (pp. 211-212). En resumen, la hipnosis puede ser usada para modular los niveles de atención de la conciencia de la persona y alterar su visión de la realidad.

Para James, estos hallazgos representaron la existencia de fenómenos más complejos en la mente. Como el lo comenta:

> Tenemos que, por consiguiente, abordar estos casos no como la ceguera del ojo, o como una simple falta de atención, sino con algo mucho más complejo; llámese una falta de atención activa y una Exclusión positiva de ciertos objetos. Es de similar forma que cuando uno "ignora" a una persona conocida, desmiente una verdad o se "niega a ser influenciado" por una consideración (James, 1890, pp. 212-213.)

James concluyó estas ideas indicando que "en su totalidad, es mejor abstenerse de formar una conclusión. La ciencia del futuro cercano sin duda responderá las preguntas de una manera más exacta de lo que podemos hacerlo por ahora" (James, 1890, p 213).

En la siguiente sección del capítulo, James (1890) observa la relación de la Conciencia con el espacio, empezando por discutir el "asiento del alma" o la localización física donde la Conciencia se puede encontrar. James describe que la conciencia se encontraba "presente" con todo lo que se encuentra en relación, aunque diferenciando entre presente *cognitivamente* y presente *dinámicamente* (p. 214). Comentando de la manera en que Descartes observaba el asiento del alma localizado en la glándula pineal, mientras que Aristóteles indicaba que el asiento del alma se encontraba en el corazón.

James describió el concepto del "principio pensante," en lugar de llamarle "el alma" arguyendo que, si este se extiende, "no sabemos su forma ni su localización" (p.214). El mencionó esto a manera de conclusión:

> Los únicos objetos que tienen relación mutua de posición son objetos que se perciben co-existiendo en el mismo espacio. Un objeto que no es percibido para nada, tal como el alma no extendida, no puede co-existir con cualquier objeto percibido de esta manera (James, 1890, p. 215)

Al analizar la relación de la mente con otros objetos, James estaba dando su visión de la conexión mente-materia. Él empezó por indicar que la relación de la mente con los otros objetos era en términos de "relaciones exclusivamente *cognitivas y emocionales.*" (p. 216). La conexión que permite a la mente participar dinámicamente o actuar sobre los objetos es el cuerpo físico del individuo. James describió el concepto de la " relación del *entendimiento*" como el fenómeno más misterioso del mundo, y cómo este estudio nos lleva hasta el centro de *Erkennmisstheorie* y la metafísica" (p. 216), mientras que la Psicología tomó un método muy pragmático a este problema tan complejo, en el cual el Psicólogo tuvo que considerar lo siguiente:

> Encontrando un mundo frente a él, el cual no podemos mas que creer que el individuo conoce, y preparándose a sí mismo para estudiar sus propios pensamientos pasados, o los pensamientos de alguien más, sobre lo que el cree que es el mismo mundo; él no puede mas que concluir que aquellos otros pensamientos también conocen el mundo a su manera aunque él lo haya conocido después. El conocimiento se convierte para él como una relación que debe de ser admitida, ya sea que necesite ser explicada o no, sólo los puntos diferentes o puntos parecidos, de los cuales nadie requiere buscar explicación (James, 1890, p. 216).

En su discusión acerca de la actitud del Psicólogo con respecto a lo cognitivo, James dio la descripción de un "dualismo con tendencia a pensamiento" el cual incluye los dos elementos de la "mente que está entendiendo" y "el objeto que está siendo entendido", también definidos como objeto y sujeto. James notó que estos dos elementos eran "irreducibles. Ninguno de ellos se puede escapar de sí mismo o convertirse en el otro, ninguno de ninguna manera es el otro, y nada lo puede convertir en el otro. Ellos solo se encuentran uno frente al otro en un mundo común, y uno simplemente sabe, o se conoce que sabe, que es la contraparte del otro" (James, 1890, p 218). Un resumen de las observaciones de James sobre la relación de sujeto y objeto puede ser el siguiente:

- La mera existencia de un "objeto" fuera del cerebro no es suficiente causa para conocer el objeto
- El "objeto" debe de influenciar al cerebro de alguna forma, para que este pueda ser reconocido
- El conocimiento ocurre como una nueva construcción que es generada en la mente
- El "objeto" sigue siendo el mismo, sea conocido o no
- Una vez que el entendimiento del "objeto" sucede, permanece ahí, sin importar lo que le suceda al "objeto"

En la ultima parte del capítulo, James insiste en la importancia del sentimiento en la relación entre Sujeto y Objeto, diciendo:

A través de los sentimientos es que nos damos cuenta de la existencia de las cosas, pero sólo a través de nuestros pensamientos es que logramos el conocimiento de ellas. Los sentimientos son los gérmenes y el punto de inicio del conocimiento, los

24

pensamientos son el árbol desarrollado. El mínimo o sujeto gramático, o presencia objetiva, de la realidad de la que se tiene conocimiento, el simple inicio del entendimiento debe de ser llamado por la palabra que indica lo mínimo (James, 1890, p. 222).

Estas descripciones de James son importantes, porque nos dan los detalles de su punto de vista de la relación entre mente y materia, y la manera en que estas interactúan para construir el conocimiento dentro del cerebro. La manera en que James explicó las relaciones entre mente-materia y sujeto-objeto posteriormente se identifican con las ideas presentadas en los trabajos de Harald Høffding y se encuentran en la visión filosófica de Niels Bohr, y serán discutidas en capítulos posteriores de este libro.

El flujo del pensamiento

Otro capítulo importante del libro de James Los *Principios de psicología* es el capítulo titulado "El Flujo del Pensamiento." La descripción que James presenta en este capítulo parece haber influenciado a varios científicos, filósofos y psicólogos en los años subsecuentes. Enseguida se muestra un resumen de los principales elementos de este capítulo.

En relación a las características del pensamiento. James presentó cinco elementos en el proceso de pensamiento de la manera que sigue:

1. Cada pensamiento tiende a ser parte de una conciencia personal.
2. Dentro de cada conciencia personal el pensamiento se encuentra siempre cambiando.
3. Dentro de cada conciencia personal el pensamiento es sensiblemente continuo.
4. El pensamiento siempre parece estar manejando objetos independientes de sí mismo.
5. El pensamiento está interesado en algunas partes de los objetos y excluye algunos otros, y recibe o rechaza –selecciona de entre algunos de los objetos en otras palabras– de manera continua (James, 1890, p 225.)

James describía cada pensamiento como parte de una conciencia individual o personal, en la cual "ni la contemporaneidad, ni la proximidad en el espacio, o la similaridad o calidad y contenido son capaces de fundir a los pensamientos y juntarlos ya que se encuentran sometidos a esa barrera de pertenecer a mentes personales diferentes" (James, 1890, p.226). Aun en los casos de personalidades múltiples en un mismo individuo, como fue mencionado anteriormente, los pensamientos parecen estar atados únicamente a una conciencia específica; por esta razón en los estudios de M. Janet de conciencias separadas en un individuo, estas tienen un flujo separado de pensamientos, desconocido uno del otro por cada conciencia separada (p. 227.)

James indicaba que nuestros estados mentales nunca eran precisamente los mismos, y que "ningún estado puede ocurrir de nuevo y ser idéntico al que era anteriormente" (p, 230), es decir, podemos tener la experiencia del mismo objeto, escuchar la misma nota musical, o ver la misma calidad de color, pero "no existe prueba de que la misma sensación de nuestro cuerpo va a estar presente con nosotros dos veces" (p. 231), en otras palabras, el pensamiento siempre se encuentra cambiando.

Aun cuando haya vacíos en el pensamiento o en el proceso de Conciencia, tal como es el caso de quedarse dormido o durante los efectos de la anestesia, después que el cuerpo regresa a su flujo de pensamiento se llena el vacío en el tiempo, haciendo que el individuo sienta que existe un flujo continuo de Conciencia. Como James observaba: "en el sentido de que las partes se encuentran conectadas hacia dentro de la conciencia del individuo y deben estar juntas porque son partes de un común total, la conciencia permanece continuamente como una. ¿Qué es entonces el común total?" El nombre natural para esto es: *Yo* o *mí mismo*" (p. 238). Cuando el pensamiento es nuestro pensamiento lo hacemos nuestro al convertirse en parte de nuestras emociones, experiencias, sentimientos, y de nuestro cuerpo, o como Janet escribió: "Cualquier cosa que pueda ser contenido del ego, se siente habitualmente por nosotros los humanos, y debe formar una conexión entre todas las cosas de las que nos damos cuenta sucesivamente" (p. 242).

Al explicar el concepto de continuidad de pensamientos y Conciencia, James presentó otra idea que parece haber sido trasladada al futuro, ya que fue citada después por Bohr y otros. La idea de James era:

> Según tomamos, una visión general del maravilloso flujo de nuestra conciencia, lo primero que nos llama la atención es el diferente ritmo o velocidad que tienen sus partes. Como la vida de un ave, parece estar hecha de partes alternas de tiempos de vuelo y tiempos de descanso. El ritmo del lenguaje expresa esto, donde cada pensamiento es expresado en una oración, y cada oración se detiene por un momento........ Llamemos a estos los tiempos de descanso o "partes substantivas," y los tiempos de vuelo las "partes transitivas," del flujo del pensamiento (James, 1890, p. 243).

28

Cuando se analiza cómo los humanos se comportan con los objetos como entidades independientes, James nos presenta el concepto de la realidad o de la realidad externa. El indica que la realidad ocurre debido a que hay muchos pensamientos individuales comparables sobre los mismos objetos; Por lo tanto, "El juicio de que *mí* pensamiento tiene el mismo objeto que *su* pensamiento es lo que genera que la Psicología le llame un pensamiento cognitivo de una realidad externa" (p. 272).

Cuando utilizamos el término *objeto*, normalmente lo consideramos como un sujeto individual de existencia, sin dar referencia al proceso de pensarlo en sí. Pero James preparó una definición clara del concepto de *objeto* de la siguiente manera:

- El objeto de cada pensamiento no es ni más ni menos de lo que el pensamiento piensa, es exactamente lo que el pensamiento piensa.
- La memoria puede rara vez de manera exacta reproducir tal objeto, una vez que este ha pasado por la memoria.
- Para recordarlo en mejor detalle, después que el objeto pasa por la memoria, es mejor repetir la palabra hablada que se asocia con el objeto.

- No importa lo complejo que el objeto sea, el pensamiento de este es un estado individual de conciencia.

- Cualquier grupo de objetos que se encuentran relacionados, son pensados desde fuera como una unidad, en un pulso simple de subjetividad, una sola psicosis, sentimiento, o estado mental (James, 1890, pp. 276-278).

Estas observaciones de James explican por que tendemos a observar la naturaleza y los objetos como externos y separados de nosotros, y cómo nuestras descripciones terminan siendo extremadamente subjetivas, de manera inmediata o después de que ha pasado algún tiempo desde que la observación ha pasado. El análisis detallado que James hace de la relación entre el observador y el objeto que está siendo observado seguirá siendo de gran importancia para los futuros científicos y filósofos.

La ultima descripción provista por James en este capítulo cubre la condición donde el pensamiento está interesado en algunas partes de un objeto y está excluyendo otras – en otras palabras, cuando se mantiene una acción selectiva, James notó que la acentuación y el énfasis estaban siempre presentes en cada percepción humana, de tal manera que era particularmente imposible distribuir la atención de manera igual sobre un número de objetos al mismo tiempo. Es

30

decir, encontramos que, bajo circunstancias normales, ignoramos a la mayoría de los objetos que aparecen ante nosotros (James, 1890, p. 284).

Aun después de que la mente selecciona un objeto en qué poner atención, una persona sólo puede observar algunas de las sensaciones que el objeto está generando, de acuerdo a las condiciones del momento. Como James mencionó:

> El pensamiento empírico de una persona depende de las cosas que la persona ha experimentado, pero lo que estas vayan a ser depende grandemente de los hábitos de atención que tenga. Un objeto puede ser presentado a la persona miles de veces, pero si la persona falla persistentemente en notarlo, no podemos decir que el objeto haya entrado en su experiencia (James, 1890, p 286).

En este análisis de la naturaleza selectiva de las observaciones cognitivas, la tendencia pragmática de James es evidente. Él continua poniendo atención a la experiencia del individuo como la parte central de la descripción del proceso.

PRAGMATISMO

William James es considerado uno de los padres de la filosofía del Pragmatismo, junto con su amigo Charles S. Peirce. Su principal publicación relacionada a esta filosofía tiene sus orígenes en una plática que James presentó en Berkeley, California, en 1899, bajo el título *Concepciones Filosóficas y*

Resultados Prácticos (Richardson, 2010, p. 183). El Pragmatismo era para James una filosofía de acción, en la cual el significado del pensamiento era "la producción de creencias" y "las creencias...... son reglas de acciones" (p. 183).

Como fue definido por el mismo James, el modelo pragmático es utilizado principalmente para resolver disputas metafísicas que no puedan tener otro fin: se basa en tratar de interpretar nociones a través de determinar sus consecuencias prácticas (James, 2009, P. 20). Inclusive, uno de los principales elementos de la filosofía del Pragmatismo de James es el Principio de Peirce, el cual indica que, "Para obtener una claridad perfecta en nuestros pensamientos sobre un objeto, debemos sólo considerar que efectos concebibles de un tipo práctico pueden involucrar al objeto –que sensaciones debemos de esperar del objeto, y que reacción debemos de preparar. Nuestra concepción de estos objetos, ya sea inmediata o remota, es entonces para nosotros el total de la concepción del objeto, siempre y cuando la concepción tenga un significado positivo del todo" (James, 2009, pp. 20-21).

El Pragmatismo representa una "actitud empírica" de la filosofía, y, en la época de James, esta teoría fue vista como una "teoría de la verdad" (p.26). Sus conferencias de Berkeley presentaron sus teorías del Pragmatismo principalmente en relación a la Teología y a la Religión, examinando el "significado de los conceptos preguntándose qué diferencia hacen estos en la vida" (Richardson, 2010, p. 182). Pero luego James extendió su análisis al concepto del *Uno* y de los *Muchos*, y el método pragmático de analizar el concepto del *Mundo como un Uno*, preguntándose cuál sería el valor de esta unidad. Las principales reflexiones de James al abordar esta pregunta son las siguientes:

1. El mundo es al menos un objeto de discusión. El término "mundo" o "universo" son abstracciones que nosotros usamos para expresar el intento de que no se debe de dejar alguna parte fuera.

2. ¿Son las partes del universo continuas? ¿Se mantienen unidas o se comportan como granos de arena? " ¿El espacio y el tiempo son vehículos de continuidad por los cuales las partes del mundo se mantienen juntas? (p. 58).

3. Una manera de observar la continuidad del universo es analizando los caminos de influencia que existen entre sus partes, de tal forma que el universo pueda ser cubierto al moverse de un objeto a otro a través de tales elementos como la gravedad, la conducción del calor, la luz, y las influencias eléctrica y química.

Al mismo tiempo, James también dirigió su atención a los elementos existentes que son opacos o inertes, los cuales interrumpen el flujo normal de las influencias y necesitan ser considerados para poder mantener la consistencia de la influencia de los caminos en el Universo. Esto ocurre en el mundo físico de la materia, pero también está presente entre los individuos y sus relaciones personales, las cuales crean conexiones largas y complicadas (James, 2009, p. 58). La visión sistemática incorporada por este método nos da la conclusión de que

> El valor pragmático de la unidad del mundo es que todas estas redes definidas existen real y prácticamente. Algunas son más amplias y extensas, algunas lo son menos; estas redes se encuentran sobrepuestas unas sobre otras; y entre todas ellas no dejan que se escape ninguna parte elemental del Universo (James, 2009, p.59).

4. La "unidad causal" del mundo puede ser vista como un elemento general que agrupa a todos los sistemas de influencia y de no-influencia. Mientras James deja inconclusa la pregunta de la "unidad de origen," el menciona la posibilidad de que influencias causales menores entre los diferentes objetos pueden converger " hacía un origen causal común de ellos en el pasado, una gran causa primaria responsable de todo lo que es" (James, 2009, p. 60).

5. En la visión pragmática, la característica unificadora más importante entre las cosas es su "unidad genérica," ya que las cosas en el mundo pueden ser agrupadas en tipos, especies, etc.

6. La unidad de propósito es otra característica para agrupar diferentes cosas en términos del concepto de "un mundo." En la naturaleza y en las actividades humanas, cada objeto o individuo contiene un cierto propósito y coopera de una manera tribal o propósito colectivo con
"fines más grandes que incluyen a fines más pequeños, hasta que un propósito específico, absoluto y final apoyado por todas las cosas sin excepción puede concebiblemente ser alcanzado" (James, 2009, p.61).

7. Existe una "unión estética" entre las diferentes cosas, que puede relacionarse a una unión ideológica entre los individuos, y ocurre cuando las partes se encuentran juntas y tienen relación entre sí para formar una estructura mayor. James describe cómo algunas veces podemos ver que no hay un propósito específico en una cadena de eventos, pero estos eventos eventualmente forman una estructura definida de propósito.

8. James introduce en este punto el concepto de "uno que es el conocedor," en el que los muchos

diferentes objetos existen sólo como parte de SU pensamiento o de SU sueño. Y como él conoce las cosas, estas tienen un propósito, forman un sistema, dicen una historia para Él...... esta noción de una "unidad noética que lo incluye todo" sobre todas las cosas es el logro más sublime de la filosofía intelectual" (James, 2009, p. 63).

Sumarizando las diferentes categorías de la Unidad, James concluye:

> El mundo es "uno" en algunos respectos y "muchos" en otros. Pero esta diferencia debe de ser claramente especificada, si cualquiera de los dos postulados va a ser mas que una simple y vacía traducción. Una vez que nos encontramos comprometidos a esta visión más sobria, la cuestión sobre el Uno o los Muchos puede fácilmente dejar de ser importante. La cantidad ya sea de unidad o de pluralidad es en suma sólo un resultado de la observación para definir y dejar plasmadas descripciones que tendrán que ser complicadas, sin importar ningún esfuerzo por hacerlas concisas (James, 1987, p. 1050).

La unidad y la pluralidad, al igual que la continuidad y la discontinuidad de los fenómenos en la definición de *realidad*, son elementos que están presentes con gran frecuencia en las ideas de James. Él estuvo buscando continuamente una descripción de la realidad que fuera pragmática y racional, analizando dos posibles métodos aditivos, una teoría basada en la discontinuidad y una teoría basada en la continuidad. o:

> Partes u objetos finitos, de los que nada se forma del todo, o ciertas unidades de una cantidad que explotan para hacer un "brochazo" de la realidad. Cada característica del Universo tendría en esta visión una constitución numérica finita. Al igual que los átomos, no la mitad o un cuarto de un átomo, sino siendo la parte mínima de la materia que puede existir, y cada cantidad finita de materia contiene un número finito de átomos, o sea (esto sería cierto de) cualquier cantidad de tiempo, espacio, cambio, etc., de lo que podemos asumir estaría compuesto de un número finito o mínimo de cantidades de tiempo, espacio y cambio (James, 1987, p. 1061).

En la discontinuidad, la cantidad de cambio ocurre en pasos discretos, y la realidad se construye en cantidades finitas de percepción, lo cual ocurre de manera total o no del todo.

Para la teoría de continuidad, los pasos no tienen una duración o extension definidas, y no podemos cuantificar la mínima cantidad de cambio. Esto es, la realidad no está formada por la adición de un cierto número de elementos mínimos, sino de un flujo continuo de cambio. El reto que James tenía con la continuidad era el entender el concepto de infinito, el cual es el resultado de la posibilidad de que la

37

naturaleza se comporte de una manera continua. James introduce la descripción de los elementos conocidos como el "nuevo infinito" y el "continuo numérico," que James describe como métodos para "lograr la aritmetización de cualquier cantidad. Ciertos *quanta* (grados de intensidad u otra diferencia, cantidades de espacio) habían hasta recientemente de manera supuesta sido datos inmediatos de la sensitividad, percepción o la intuición" (James 1987, p 1070).

El uso por James del término *quanta* en su descripción soporta el punto de que, en los años en que James elaboró estas ideas, el término se encontraba presente en el ambiente científico, tanto en Psicología como en Física. Al final, James se enfocó en una explicación en la cual la realidad se encontraba cambiando en pasos discretos, apuntando hacia el "problema causal" cuando se contrastan los puntos de vista de la discontinuidad y la continuidad en el comportamiento de la realidad.

Capítulo 2. Harald Høffding y el legado de Søren Kierkegaard

Harald Høffding fue profesor de Filosofía en la Universidad de Copenhague por más de 30 años. Sus estudios, los cuales incluían Teología y Filosofía, recibieron una fuerte influencia anti-Hegel y pro-Kant y Spinoza de sus maestros. Høffding fue también un fuerte seguidor del Filósofo danés Søren Kierkegaard. Faye (1991) describe que, "para Høffding la filosofía estaba relacionada para lo que él guardaba fuertes sentimientos, y la posición que él adoptó al intentar crear una unidad y armonía entre visiones opuestas era en mucho una reflexión de su propia personalidad y carácter" (p. 12). Este método de intentar crear unidad entre términos opuestos es un aspecto muy importante de las tendencias filosóficas anteriormente articuladas por James; aun más, se encuentra alineada con el concepto de complementariedad y volverá a aparecer cuando discutamos los trabajos de Bohr y de Jung.

Høffding era un filósofo Europeo de gran influencia al final del siglo XIX y principios del siglo XX. Sus características clave fueron sus métodos de abordar la filosofía y su historia, y al mismo tiempo su interés en la ciencia (McEvoy, 2001, p.282). Su teoría del conocimiento se encuentra entre los pensamientos de Kant, en categorías *a priori* y las filosofías del Pragmatismo desarrolladas por sus contemporáneos Peirce y

James, a la vez que de Mach y de Clerk Maxwell (Faye, 1991, p.12). Høffding se veía a sí mismo como un discípulo de Kierkegaard y escribió extensamente sobre sus teorías de conocimiento. Høffding compartía la visión de Kierkegaard en relación al conocimiento indicando que:

> Nosotros deducimos las ideas fundamentales a partir de la experiencia y esta experiencia se encuentra por siempre imperfecta. Entendemos únicamente aquello que ya ha pasado; el conocimiento viene después de la experiencia. Hacemos reconocimiento hacia el pasado – pero vivimos hacia el futuro. Esta oposición entre el pasado y el futuro da cuenta de la tensión de la vida y nos inculca a todos la irracionalidad del ser (Høffding, 1912, p. 202).

Los pensamientos de Høffding sobre la Psicología y la Física fueron dualistas, como él mismo lo indica: "La Mente y la Materia forman una dualidad irreducible, tal como la del sujeto y el objeto" (McEvoy, 2001, p. 284). En relación al problema de la realidad, Høffding indicaba: "La realidad que nosotros reconocemos es, de cualquier manera, sólo una parte del total superior, - y aquí no estamos nosotros en una posición de poder determinar la relación entre las partes y el Todo" (McEvoy, 2001, p. 285). Con respecto al concepto de *individualidad* en relación al Todo, Høffding escribió:

> El mundo material no nos muestra individualidades reales; estas son primero conocidas desde el punto de

vista psicológico, desde el cual, centros de memoria, acción y permanencia son descubiertos. Si ahora nosotros concebimos los elementos mentales individuales (sensaciones, pensamientos, sentimientos, etc.) como elementos que pueden ser capaces de ser transpuestos a otras combinaciones, como los átomos químicos, lo que seguirá después es que puedan tener una existencia aparte de una conciencia universal definida, una suposición que nuestra experiencia con los estudios de Conciencia muestran como absurda. Las sensaciones, pensamientos y sentimientos son actividades mentales, que no pueden persistir cuando la conexión individual definida, en la que ocurren, llega a su término. Estas corresponden a las funciones orgánicas, pero no a los elementos químicos (Høffding, 1892, pp. 66-67).

Las principales contribuciones de Høffding a la Filosofía y a la ciencia sucedieron en 1910, cuando publicó su libro *El pensamiento humano*. Mientras mantiene la fuerte influencia de Kierkegaard, Høffding empezó a enfocarse en la teoría del conocimiento científico, particularmente la teoría de las categorías, y continuó trabajando en estos temas de 1918 a 1931 (Moreira, 1994, pp. 402-403).

En la Biología, Høffding llevó a cabo estudios sobre la filosofía de la evolución, enfocándose particularmente en los trabajos de Charles Darwin y de Herbert Spencer. Al discutir los puntos de vista de Spencer, Høffding tocó varios elementos claves que mostraban un fuerte alineamiento con su filosofía total; estos elementos fueron diseminados cuando sus ideas se expandieron para influenciar a otros. Por ejemplo, cuando describe las ideas filosóficas de Spencer sobre los organismos vivos, Høffding escribió:

> La diferenciación va de la mano de la integración especialmente en los altos niveles. De esto sigue luego una transición de un gran estado de mayor homogeneidad a un estado de gran heterogeneidad. No es el Todo, como tal, que se diferencia a sí mismo, las diferentes partes dentro del Todo se diferencian a sí mismas una de la otra y asumen diferentes formas (Høffding, 1912, p. 255).

Høffding analizó el elemento que Spencer definió como la fundación de toda la ciencia real, llámese este, el *principio de la persistencia de la energía*, el cual encontró ser idéntico al principio de la causalidad, donde:

> Elementos similares deben de ser afectados similarmente por energías similares, lo cual establece el principio de integración. Continúa luego indicando que elementos similares deben de ser afectados de manera diferente por diferentes energías, lo que establece el principio de la diferenciación..... Desde el punto de vista de la experiencia es imposible proveer ninguna garantía para la armonía de la integración y la diferenciación, mientras que las condiciones hipotéticas demandan la presencia de ambos procesos (Høffding, 1912, p 256).

Más aun, con respecto a las redes que los organismos vivos desarrollan como parte de su evolución y sustentabilidad. Høffding hacía referencia a Spencer diciendo:

> La vida, de acuerdo a Spencer, consiste de un *ajuste de relaciones internas con relaciones externas*. Los organismos no son únicamente determinados directamente por factores externos, sino que hay factores indirectos que también son desarrollados desde dentro por lo que son capaces de ajustarse a sí mismos de una manera más ventajosa para las condiciones futuras que para las del pasado. Esto significa que estas influencias llevan a cabo una transposición de los elementos orgánicos; los cambios estructurales bajo la influencia de una función (Høffding, 1912, p.257).

La naturaleza de las influencias internas y externas que afectan a los organismos vivos, al igual que la relación entre la diferenciación y la integración, son ideas claves que mantendrán una trascendencia filosófica y serán observadas en los estudios modernos de los sistemas biológicos complejos.

Al leer estos ejemplos de la filosofía de Høffding, encontramos un método fuertemente pragmático y el uso de un lenguaje similar al de James con respecto a la descripción del pasado y del futuro, al igual que los conceptos de individualidad y del Todo. Una revisión de los principales elementos de la filosofía de Høffding nos proveerá de una base la cual se verá que posteriormente estuvo disponible para Bohr, ya que Høffding fue su maestro y después su mentor por muchos años. Al llevar a cabo este análisis sobre la filosofía de Høffding, también mostraremos cómo algunas de estas ideas se fueron extendiendo de tal forma que pueden ser encontradas en la Física, la Psicología y la Biología.

SUJETO Y MÉTODO

En los trabajos de Høffding en Psicología, siempre se mantuvo una fuerte conexión con la Física, como cuando Høffding afirmó que Psicología era una ciencia de "aquello que piensa, siente y desea, en contraste con la Física que es la ciencia de lo que se mueve y ocupa espacio" (Høffding, 1892, p. 1). Høffding consistentemente sustentó sus análisis describiendo la independencia entre la mente y lo material, al igual que manteniendo la preservación de la Psicología como una ciencia de la experiencia. Las siguientes son descripciones de los principales elementos de las discusiones de Høffding sobre el Sujeto y el Método:

1. Separación de mente y materia

Høffding empezó por describir cómo la Psicología era la ciencia de la mente, definiéndola como una separación del mundo material y al mismo tiempo una ciencia pura de la experiencia. El mencionó que:

Empezando desde la posición de que los fenómenos mentales tienen ciertas características que los distinguen de lo material, nosotros presuponemos un conocimiento el cual fue alcanzado únicamente a un cierto nivel de desarrollo mental, y del cual aún no podemos siquiera decir que sea universal (Høffding, 1892, p. 1).

2. Las acciones mentales son dirigidas hacia afuera

El proceso mental está dirigido hacia afuera, enfocado en observar los objetos externos, colores, formas, etc. Se permite ver a sí mismo y qué es lo que sucede dentro sólo de manera artificial. Los objetos externos siendo observados tienen la atención del individuo antes de que los pensamientos y los sentidos sean procesados; es decir, los humanos actúan en respuesta a los objetos externos antes de detenerse a reflexionar sobre ellos. El conocimiento interno del individuo sucede sólo a un nivel más alto de desarrollo cultural.

3. El lenguaje

Debido a que los modelos mentales se enfocan en los aspectos externos del mundo material, el lenguaje tuvo que haberse desarrollado bajo la influencia de la atención al mundo exterior. "El mundo interior de la mente está denotado por símbolos que fueron prestados del mundo exterior, del espacio" (Høffding,

1892, p.2). En este contexto, Høffding también notó que todas las proposiciones y relaciones denotadas eran exclusivamente del espacio, y las relaciones espaciales del individuo, de tal manera que:

> La actividad del lenguaje – esto es, la necesidad y el trabajo del humano que se comunica por el lenguaje, era por lo tanto el hacer claro, por medio de analogías con una referencia hacia las relaciones espaciales, la relación no-espacial en la cual las ideas aparecen (Høffding, 1892, p. 3).

4. Distinción entre nuestro propio ser y las cosas que se encuentran fuera de nosotros

La vida consciente en el individuo probablemente empieza antes del nacimiento, basada en las experiencias de sentimientos de estar confortable o no confortable, y sensaciones de movimiento y temperatura. Más tarde, la conciencia de la persona crece a través de la experiencia de las sensaciones orgánicas que desarrollan un mayor contraste entre lo subjetivo y lo objetivo. Las limitaciones del ser coinciden con los límites del organismo y pueden ser aprendidas sólo a través de la experiencia. En un nivel posterior de desarrollo, el individuo puede aceptar la idea del cuerpo material tanto del sujeto como del objeto, dependiendo del punto de referencia de la observación. Høffding también definió una diferencia entre los sentimientos inmediatos de dolor y placer y el flujo interno de memorias y de ideas:

> *Eso a través de lo que* sentimos placer y dolor tal vez lo podamos percibir por medio de los sentidos, pero no *el sentimiento en sí.* Eso que recordamos y que nos lo representamos a nosotros mismos puede ser un objeto o una percepción externa, pero no el *recuerdo* o la *idea* en sí mismos...... La experiencia interna, por lo tanto, está relacionada con pensamientos, ideas, como condiciones mentales; La experiencia externa, es la cual es capaz de ser vista, y puede llevar a cabo movimientos en el espacio (Høffding, 1892, p. 6).

5.   Explicación de fenómenos naturales a través de la Conciencia humana.

De acuerdo con Høffding, el hombre primitivo tenía la tendencia de:

Concebir y explicar todos los fenómenos naturales introduciendo en todo su vida consciente. El explicar algo es simplemente rastrear lo desconocido hacia lo conocido, Y entonces ¿de dónde el ser humano original derivaría los elementos de la explicación de los fenómenos naturales, sino de sí mismo?..... La concepción mitológica de la naturaleza se distingue de la concepción científica por su tendencia a personificar las cosas (Høffding, 1892, p. 7).

En la mitología, el hombre tiende a asignar una vida mental, similar a la suya, a los fenómenos que ocurren fuera de él mismo. La línea divisoria entre el ser y el no-ser no se encuentra bien definida, como es el caso de los niños pequeños; es sólo a través de la experiencia que la línea divisoria es definida con más precision.

6. Una explicación mecánica de la naturaleza.

En la fisiología moderna el fenómeno de la vida orgánica se explica a través de leyes físicas y químicas. " Una búsqueda de la 'fuerza vital,' o la intervención de la mente, no se reconoce como una explicación científica de un fenómeno orgánico; Se ve sólo como una confesión de nuestra ignorancia con respecto a la naturaleza del fenómeno" (Høffding, 1892, p. 10). Mientras que la fisiología no niega la existencia de una vida mental, busca para cada situación individual una conexión justificable entre la actividad material y la conciencia. Al sumarizar el concepto, Høffding indicaba que:

Si nosotros deseamos entonces, obtener un conocimiento de la vida consciente, debemos estudiarla, más que todo, en donde es accesible

48

a nosotros – llámese, en nuestra propia conciencia. Esta experiencia inmediata es también la única fuente donde el fisiólogo puede determinar el significado de la vida mental de los varios órganos del cerebro. Es el punto de un inicio seguro para todo nuestro conocimiento del mundo mental (Høffding, 1892, p. 11).

7. La existencia de una substancia mental.

La *Psicología* es la ciencia de la mente en la cual la mente se supone que sea la suma de todas las experiencias interiores tales como sensaciones, ideas, sentimientos y decisiones. Sin embargo, Høffding, también introduce aquí una dualidad histórica que existe en el concepto de la mente. Primero es el lado en el cual "el sentimiento de que todo lo que nos interesa existe en el mundo interno de los pensamientos y los sentimientos, y que el mundo externo de lo material tiene valor para nosotros sólo como un objeto de pensamiento y sentimiento." El otro lado es la "concepción espiritual (la cual) se encuentra aterrizada en un análisis de las características de estados mentales. Es peculiar para la conciencia, juntar diferentes cosas que se encuentran dispersas en el tiempo y el espacio" (Høffding, 1892, p. 12). Aquí Høffding describe como ciertas experiencias nos permiten deducir la existencia de una substancia mental, pero sobre la cual sólo se conoce las experiencias relacionadas. El indica: "La experiencia, en realidad, nos enseña que las características especiales de la conciencia, en contraste con los fenómenos materiales, es la unidad interna de la variedad de todo el contenido consciente, una unidad que no existe en el mundo del espacio; pero no nos enseña que esta unidad es absoluta, incondicional, e independiente" (Høffding, 1892, p. 13). Para mantener la base empírica de la Psicología, Høffding propuso excluir tanto al materialismo como el espiritualismo de este campo de la ciencia, de tal manera que la Psicología se mantuviese separada de cualquier especulación metafísica. En esto Høffding se alineó con Descartes en "limpiar la noción de la mente de ambigüedades mitológicas" y con Kant en su crítica de la Psicología Metafísica (Høffding, 1892, p. 15).

8. Las dificultades del análisis psicológico.

Høffding inicio su reflexion cuestionando si una independencia en relación con el tema requería también una independencia con respecto al método usado en el análisis. Para este propósito, el desarrollo una lista de las dificultades y limitaciones de la observación subjetiva, como sigue:

a. Los estados mentales no se comportan como objetos estáticos, como es el caso con las observaciones físicas. Como el espacio es una forma especial de los fenómenos materiales, de igual manera el tiempo es la forma de los fenómenos mentales.

b. A cuenta de las diferencias individuales de los observadores, no hay garantía de que estos realmente vean exactamente el mismo objeto. En este caso los observadores no tienen el objeto fuera o alrededor de ellos, pero cada observador tiene al objeto dentro de sí.

c. Observaciones aisladas forman un caos, que tiene que ser ordenado. La primera parte del trabajo que hay que hacer es una clasificación, a través de la cual los grupos definidos, o los tipos diferentes de los fenómenos mentales sean formados.

d. La observación puramente subjetiva pronto es vista como algo muy imperfecto como un medio para hacer análisis psicológico.

e. El punto de vista estrictamente psicológico está confinado al fenómeno de la vida consciente. La conciencia no es un mundo cerrado; nuevos fenómenos se encuentran continuamente apareciendo, lo cual, desde un punto de vista estrictamente psicológico, no podemos deducirlos de nada que se haya conocido anteriormente. Cada nueva sensación parece aparecer de la nada. Podremos tal vez ser capaces de rastrear los cambios y sus efectos en nuestra conciencia, pero no podemos encontrar respuesta a la pregunta de cómo llegamos hasta este punto.

f. La Psicología no puede ser una ciencia estrictamente definida. Puede ser abordada desde varios métodos y a través de muchas formas. Por lo tanto no existe una Psicología; hay muchas Psicologías.

g. La Psicología se encuentra en un punto en donde la ciencia natural y la ciencia mental se intersectan, donde una pasa por encima de la otra. Es este principio el punto central del círculo actual que tiene la visión de cualquier lado, ya que todo el conocimiento que se encuentra basado en la naturaleza y la organización humanas – se convierte directa o indirectamente en conocimiento de la humanidad.

Debe admitirse que la armonía entre la valuación y la explicación causal está sólo ahora iniciando su existencia. Sin embargo, la Psicología enseña que la armonía debe crecer por una necesidad de la naturaleza, ya que el conocimiento y el sentimiento no pueden moverse de manera permanente en direcciones opuestas (Høffding, 1982, pp. 27-28).

La Complementariedad de Harald Høffding

Al leer los trabajos de Høffding, no encontramos un uso directo de la palabra *Complementariedad*. Sin embargo, en su análisis de la relación entre mente y cuerpo, podemos observar que su método describe muy de cerca la necesidad de un concepto nuevo, aun no definido, para explicar esta relación. El lenguaje utilizado por Høffding en su análisis puede ser traducido directamente a los elementos filosóficos de la Complementariedad utilizados posteriormente por James y después por Bohr.

Al sumarizar el capítulo de "Mente y Cuerpo" que se encuentra en el libro de Høffding *Los Lineamientos de la Psicología*, podemos encontrar este alineamiento directo con el concepto de Complementariedad. En este capítulo, Høffding empieza por indicar que el conocimiento sobre lo mental y el conocimiento sobre lo material son "derivados de dos distintas fuentes. La pregunta que se genera es acerca de la relación entre estas dos fuentes de la experiencia" (Høffding, 1892, p. 29).

Høffding describe como una de las principales características de los fenómenos materiales el que estos aparecen en la forma de espacio, lo que los distingue de los estados de conciencia los cuales pueden ser sólo simbólicamente representados en el espacio. Cuando se trata de establecer una conexión entre la vida consciente y la vida del cerebro, Høffding concluye que "mente y cuerpo, conciencia y cerebro, evolucionan como formas diferentes de expresiones de uno y el mismo elemento" (Høffding, 1892, p. 54). En otras palabras, Høffding está describiendo a la mente y al cuerpo como un par de elementos complementarios, de manera similar a la que James describe el fenómeno de conciencias separadas.

Al expandir su descripción de los aspectos complementarios de la mente y el cuerpo, Høffding escribió:

> La noción ordinaria es que la mente actúa sobre el cuerpo y el cuerpo sobre la mente. Es tal vez que esto se siente de manera inmediata, pero esto se contradice al buscar un acuerdo entre la existencia de una mente, independiente, y distinta del cuerpo, y por la realidad de que en cada caso es sólo de manera indirecta que hemos llegado a conocer en qué parte del cuerpo es que la mente se encuentra

54

más y particularmente conectada (Høffding, 1892, p. 55).

En 1921, Høffding publicó un libro titulado *Relación como una Categoría*, en el cual Høffding una vez más alinea sus ideas con el concepto de Complementariedad. El hizo esto cuando discutía el dualismo de la continuidad y la discontinuidad, un tema que, como se menciona anteriormente, fue extensamente analizado por William James. En su libro, Høffding indica que:

> La continuidad y la discontinuidad son correlativos que se alimentan el uno al otro. Representan puntos de vista diferentes y operaciones diferentes: La historia de la ciencia muestra que en estas categorías tanto una como la otra asumen la primacía, pero de una manera tal que el conflicto entre ambas se mantiene permanentemente (Moreira, 1994, p. 405). Al principio de su carrera, Høffding había publicado un libro titulado *La Totalidad como una Categoría*, en el cual escribió: "La multiplicidad absoluta es tan irracional como la continuidad absoluta. Tanto la continuidad como la discontinuidad traen consigo problemas, la primera siendo la que se encarga de encontrar más conexiones y la segunda de encontrar más diferencias" (Moreira, 1994, p. 406).

LOS ANÁLISIS DE LOS PROCESOS CEREBRALES POR PARTE DE HØFFDING

Como parte de su análisis de la relación entre mente y cuerpo, Høffding desarrolló un resumen de sus pensamientos con respecto a la manera en que los procesos cerebrales ocurren, particularmente en relación a los fenómenos de inteligencia y conciencia. En su estudio del sistema nervioso, Høffding empezó por describir los procesos básicos de los movimientos reflejos, y como estos están relacionados con la columna vertebral y con la "*medulla oblongata*," donde muchos de los procesos automáticos del sistema nervioso parecen ocurrir. Høffding indicó que el significado fisiológico del cerebelo no era conocido en ese tiempo, pero insistió en que el "*cerebrum*" era la parte más importante del cerebro, ya que es aquí donde la mayoría de las relaciones complicadas ocurren, con un gran número de células nerviosas y fibras conectadas. Høffding reflejó que ya sea que el "*cerebrum*" funcione como un elemento entero, o si varias funciones estaban localizadas en un área en especial; la pregunta se mantuvo abierta hasta que las técnicas modernas de imagen cerebral estuvieron disponibles (Høffding, 1892, p. 40.)

La siguiente es una lista de algunos de los elementos clave en el análisis de Høffding sobre los procesos cerebrales:

1. Los estudios fisiológicos de Hermann Munk generaron la base para pensar en la localización, o división del

56

trabajo dentro del cerebro, pero con la gran diferencia que esta condición sólo ocurría para actividades básicas, mientras que el pensamiento o la inteligencia eran funciones que no se encontraban localizadas en un área determinada del cerebro; por lo tanto, "la inteligencia se encuentra en cualquier parte del "cerebrum," y a la vez en ningún lugar en particular, ya que es la abstracción y la resultante de todas las ideas que se generan de las percepciones de nuestros sentidos" (Munk, 1881, p. 73).

2. Los estudios de Friedrich Goltz sobre las lesiones cerebrales proveen la evidencia de que, cuando grandes partes del cerebro son removidas, ocurre una debilidad permanente, pero si las lesiones no son muy extensivas, el paciente se recupera, indicando la formación de nuevos centros funcionales para los procesos especiales.

3. Cuando ocurre una estimulación del mundo exterior, existe una reacción fisiológica que resulta en una acumulación de tension sobre la capa nerviosa, con la resultante de tener un movimiento de los músculos o secreción de glándulas. También existía evidencia que algunos de estos estímulos resultan en un tercer elemento de reacción, la respuesta psicológica,

indicando una relación entre los procesos psico-fisiológicos y ciertos estados de conciencia.

4. La conciencia tiene tres principales características: (a) El cambio y el contraste como una condición de los elementos individuales que entran en la conciencia; (b) la preservación o reproducción de los elementos previos, en conjunto con una combinación de estos y de elementos nuevos; y (c) la unidad interna de reconocimiento.

5. La importancia del sistema nervioso recae en su habilidad de conectar varias partes del organismo y guiar sus actividades en armonía, permitiéndoles presentarse como un frente coordinado hacia el mundo exterior.

Estos elementos describen la condición de la investigación del cerebro durante la época de Høffding. Estos fueron muy seguramente parte de una transferencia de conocimiento que Høffding tuvo con sus colaboradores, estudiantes y compañeros filósofos e investigadores.

La Conservación de la Energía

Høffding describió como "la suposición de que una relación causal puede existir entre lo mental y lo material es contrario a la doctrina de la conservación de la energía" (Høffding, 1892, p. 55), ya que no se ha hecho una clara observación que corresponda a la suma de la energía que es transferida entre los planos físicos y psíquicos. También, Høffding cuestionaba la conexión de causa y efecto entre estos dos planos, al igual que la diferencia en tiempo o la simultaneidad de la conexión. Høffding escribió, "La relación de la causalidad presupone la ocurrencia de un evento. Si la relación entre mente y cuerpo, o entre conciencia y cerebro, es una relación causal, debería de existir una diferencia de tiempo entre el proceso cerebral y el acto de conciencia. Esto, sin embargo, es contrario a la visión sugerida por la fisiología" (Høffding, 1892, p. 57). En su análisis, Høffding se preguntaba si una solución podría ser el negar la universalidad de la conservación de la energía, pero se mantuvo al margen de establecer dicha conclusión. En vez de esto, el describió cómo el problema fue resuelto por Descartes al concebir a la mente y al cuerpo como dos substancias, " absolutamente distintas en forma, pero de cualquier manera actuando una sobre la otra" (Høffding, 1892, p. 58).

Al expandir su análisis de esta condición, Høffding llegó a conclusiones que resonaban muy de cerca de nuevo con el concepto de la Complementariedad:

> Si esto es contrario a la doctrina de la conservación de la energía física para suponer una transición de un estado hacia el otro, y si, de cualquier manera los dos

estados existen en nuestra experiencia como algo distinto, entonces los dos juegos de fenómenos deben de suceder simultáneamente, cada uno de acuerdo a sus leyes; de tal manera que para cada fenómeno en el mundo de la conciencia existe un fenómeno correspondiente en el mundo de la material, y viceversa (siempre y cuando exista una razón para suponer que la vida consciente se encuentra correlacionada a los fenómenos materiales) (p. 64).

También:

Tanto el *paralelismo* y la *proporcionalidad* entre la actividad de la conciencia y la actividad cerebral apuntan hacia una *identidad* en el fondo…… Suponiendo que es uno y el mismo principio que ha encontrado su expresión de una doble forma. No tenemos derecho a tomar a la mente y a lo material como dos elementos o substancias en interacción recíproca. Estamos, al contrario, impulsados a concebir la *interacción material* entre los elementos que componen al cerebro y al sistema nervioso, *como una forma externa de la unidad ideal de conciencia interna*.....Es similar a que el mismo objeto sea descrito en dos diferentes idiomas (Høffding, 1892, pp. 64-65).

Aquí, Høffding se encontraba, de manera intuitiva, describiendo la existencia de un concepto que unificaría los diferentes elementos de la mente y del cuerpo, reconociendo que este concepto no puede ser rastreado a un lenguaje original común. Si bien Høffding concluyó con más preguntas que respuestas, él le dio un camino a la introducción del concepto de Complementariedad:

> Con respecto a la relación interna entre mente y materia, nosotros no podemos realmente impartir alguna enseñanza.; suponemos únicamente que un elemento trabaja en ambos. Pero ¿qué clase de elemento es este? ¿Por qué tiene una manera doble de manifestarse, ¿Por qué una sola forma no es suficiente?... Mente y materia aparecen ante nosotros como una dualidad irreducible, tal como es el caso de sujeto y objeto. Al preguntarnos después sobre la conexión interna entre los mundos físico y mental, nos encontramos al límite de nuestro conocimiento, y por lo pronto no existe concepción que pueda ayudar a responder la pregunta sobre el lugar de la vida mental en el esquema de las cosas, excepto al introducir un postulado teleológico, el cual no entra en el campo de la investigación de la psicología (Høffding, 1892, pp. 66-67).

Tomará hasta más tarde la combinación de los trabajos de William James en psicología y de Niels Bohr en Física para poder expandir la explicación del concepto mencionado, sin embargo no explicado aquí por Høffding, pero este concepto resulta esencial en el entendimiento de la interacción entre mente y cuerpo.

Høffding mantuvo la convicción de que la psicología iba a tomar un papel clave en el continuo desarrollo del conocimiento científico, como lo menciona Moreira (1994):

61

La independencia de la psicología en vista de la teoría del conocimiento resulta de la realidad que el pensamiento científico no es capaz de separarse a sí mismo de las leyes naturales de la vida de la conciencia. Tanto el descubrimiento como la demostración son un resultado del trabajo psíquico. En términos de la psicología esto puede ser posible. Por lo tanto la psicología es una introducción, un tipo de fenomenología del espíritu (p. 403).

Høffding y James

James y Høffding fueron personajes contemporáneos quienes mantuvieron una relación de trabajo muy cercana. Ellos colaboraron para escribir prefacios para las traducciones de los libros de cada uno, como es el caso del libro de James *Las variedades de experiencias religiosas*, el cual fue traducido al danés en 1902 con un prefacio escrito por Høffding (Philström, 2010, p. 2). Luego, la principal obra filosófica de Høffding, *Filosofiske Problemer (The Problems of Philosophy)*, la cual fue traducida al inglés en 1905, contiene un prefacio escrito por William James (Faye, 1991, p 11).

En el verano de 1904, Høffding visitó a James en su casa de Chocorua, New Hampshire, al mismo tiempo que Pierre Janet y Lloyd Morgan se encontraban visitándolo (James, 1978, p. 221). En una carta a F.C.S. Schiller, James escribió:

Anoche Janet se tuvo que retirar – algunos días antes, Lloyd Morgan. Me siento bien de poder tener mi alma sola para mí mismo por un tiempo. Muy buena relación con mi querido viejo Høffding, quién es un buen pluralista e irracionalista (James, 1920, p 216).

Mientras Høffding no era un investigador tan original como James, era muy buen maestro y autor (inclusive, James utilizó el libro de Høffding como texto para sus clases en Harvard). Y Høffding se enfocaba principalmente en sumarizar las teorías de otros investigadores. Sin embargo, su concepto original de *"unmediated Recognition"* o reconocimiento no mediado, en el cual el individuo reconoce algún lugar o sonido sin recordar las circunstancias exactas, fue también discutido en el trabajo de James cuando una persona no puede recordar un nombre, aun estando al borde de reconocerlo. James describió este fenómeno como un "hormigueo y estremecimiento de asociaciones no recuperadas en la penumbra de ser reconocidos," mientras que Høffding explicaba este fenómeno como un tipo de asociación por similaridad. Esta asociación es llamada la "Función de Høffding" (Pind, 2014, p 37).

Folse (1945) describió como Høffding y James se convirtieron en "aliados comunes contra los metafísicos idealistas," basados en su rechazo común del absolutismo y "su conviccion de que cualquier descripción singular de una experiencia le limita su naturaleza esencial" (p. 50).

EDGAR RUBIN

Edgar Rubin (1886-1951) fue un estudiante de Harald
Høffding en la Universidad de Copenhague, al mismo tiempo
que lo fue su primo Niels Bohr. Rubin se graduó en Psicología y
después de un período de trabajo en la Universidad de
Göttingen en Alemania de 1911 a 1916, Rubin regresó a la
Universidad de Copenhague como miembro de su facultad.
Bajo la influencia de Høffding, Rubin se familiarizó con las
filosofías de Kierkegaard, de Kant y de Spinoza, al igual que
con los trabajos de William James (Pind, 2014, p. 75).

El trabajo psicológico principal de Rubin estaba
enfocado en el campo del reconocimiento y la percepción,
particularmente en relación a los roles de la figura y el campo
de visión, en el cual imágenes visuales son construidas con la
idea de tener una "exclusión mutua" de dos figuras embebidas
en la misma imagen. Las primeras figuras de este tipo
publicadas por Rubin aparecieron en 1915, y su lógica visual
"coincide precisamente con la lógica abstracta – expresada en
términos verbales – del principio de Complementariedad de
Bohr" (Valsiner, 2013, p. 7).

Rubin es principalmente conocido por su ilustración
conocida como el "Vaso de Rubin", en el cual la distinción entre
la figura y el campo hace que el observador perciba ya sea la

64

forma del vaso como el perfil de dos caras, como se muestra en la Figura 2. Acerca de este concepto, Rubin escribió: ".... No podemos usar la atención para confirmar la diferencia fundamental entre la figura y el campo. Hay una diferencia concreta entre los dos objetos que son experimentados, los cuales, bajo diferentes condiciones subjetivas,   pueden ser determinadas por el mismo estímulo objetivo" (Pind, 2014. p. 102).

FIGURA 2

EL VASO DE RUBIN (Pind, 2014, p. 215)

De acuerdo con Favrholdt (1992), " Si alguien realmente quiere buscar una influencia sobre Bohr fuera del circulo de Físicos, no es a Høffding, sino realmente a Rubin en quién hay que enfocarse" (p. 119). Edgar Rubin fue un eminente psicólogo danés, familiar de Bohr, su amigo desde la infancia y más tarde su compañero estudiante.

Capítulo 3. Niels Bohr – Complementariedad en Física, el Modelo Cuántico del Átomo

Niels Bohr nació el 7 de Octubre de 1885 en Copenhague, Dinamarca. Su padre, Christian Bohr, era un reconocido profesor de Fisiología en la Universidad de Copenhague. La familia de Niels, de clase media-alta, tenía una larga historia de influencia y participación en las instituciones educativas de Dinamarca, de tal manera que a Niels le fue posible enfocarse en cultivar sus talentos y conocimiento al máximo (Folse, 1945, p.31).

Niels se introdujo al ambiente académico desde una edad temprana, cuando, junto con su hermano Harald, tenían permitido estar presentes en muchas de las reuniones que había en su casa, coordinadas por su padre Christian, y que incluían a eminentes participantes tales como Christiansen, el Físico danés, y Høffding, el filósofo y psicólogo. Faye (1991) menciona los pensamientos de Bohr acerca de la importancia de estas reuniones:

> Desde el tiempo que tuvimos edad suficiente para tomar ventaja de estas discusiones, hasta el tiempo de la muerte prematura de mi padre cuando se dejaron de tener estas reuniones en nuestra casa, mis hermanos y yo teníamos permitido estar presentes cuando se llevaban a cabo las reuniones en nuestra casa y

algunas de nuestras más tempranas y más profundas impresiones fueron originadas durante esas reuniones (p. 14).

Niels se inscribió en el programa de Física en la Universidad en 1903, y presentó y defendió su tesis doctoral en relación a la teoría electrónica de los metales entre 1911 y 1912. Luego Niels pasó un año en Inglaterra haciendo investigación post-doctoral, en Cambridge bajo J. J. Thomson y en Manchester, bajo la dirección de Ernest Rutherford (Faye, 1991, p. 19). Como parte de su programa de estudios, Bohr requería tomar un curso de un año sobre la introducción a la Psicología, llamada *Filosofikum*, de la cual el profesor era Harald Høffding; a través de sus años como estudiante, Bohr mantuvo un cercano interés en la Psicología, atendiendo otras conferencias y seminarios públicos que eran presentados por Harald Høffding, y se unió a un grupo de estudio llamado *Ekliptica*, junto con su hermano Harald y su amigo cercano Edgar Rubin (Faye, 1991, p. 20).

Como se mostrará en las siguientes secciones, el involucramiento temprano de Bohr con las ideas filosóficas encontradas en la Psicología de esa época, al igual que su continua relación con Rubin y Høffding, lo prepararon con un gran conocimiento epistemológico que le permitió abordar los problemas complejos de la explicación del átomo desde un punto de vista diferente del de la mayoría de sus otros compañeros Físicos.

EL PROBLEMA DE LA NATURALEZA DEL ÁTOMO

Como fue indicado anteriormente, Bohr tuvo la oportunidad de pasar algún tiempo con J. J. Thomson en el laboratorio Cavendish de Cambridge, donde Thomson desarrolló su modelo del átomo que consistía en una configuración similar a un "pudín de ciruelas," teniendo a los electrones embebidos como "pasas en una nube cargada positivamente" (Jammer, 1996, p. 39). Más tarde, Bohr trabajó bajo Ernest Rutherford, quien descubrió que el átomo tenía un "muy pequeño y duro núcleo rodeado de un volumen mucho más grande de espacio" (McEvoy, 2001, p. 27). La decisión natural de Bohr era el expandir el análisis de la estructura atómica, mientras se enfocaba en el tema de las propiedades de los electrones en los metales para el trabajo de su tesis.

Durante su trabajo de tesis, Bohr, siguiendo los métodos tradicionales de la física de esa época, intentó aplicar las ideas clásicas de la mecánica estadística; sin embargo, todos estos intentos directos por hacer esto terminaban en fallas. Como resultado, Bohr concluyó en su tesis que "la mecánica Hamiltoniana usual no aplicaba en la retención de los electrones en los átomos" (McEvoy, 2001, p. 27). El problema

69

era que la electrodinámica clásica no tiene una solución que permita que un conjunto de partículas cargadas eléctricamente puedan mantener una estabilidad, aun si las partículas cargadas en el átomo tengan influencia una sobre otra, sean aceleradas, y eventualmente hagan que el átomo se desintegre. Las observaciones mostraban que la materia mantenía una estabilidad de cualquier manera, aun cuando ni el modelo de Thomson, ni el modelo de Rutherford eran capaces de explicar esta estabilidad en términos clásicos.

En 1913, Bohr presentó una solución muy creativa a este problema. Introdujo el concepto del estado estacionario, a través del cual Bohr se distanció de la visión clásica asumiendo que los electrones no irradian cuando el átomo se encuentra en dicho estado (McEvoy, 2001, 27). Moore nos provee un resumen de los detalles que Bohr asumió en su modelo de la siguiente manera:

1. La energía no es emitida o absorbida de la manera continua en que la Física lo asumía en el pasado, sino únicamente durante el paso de los sistemas entre diferentes estados "estacionarios".

2. Aunque el equilibrio de los sistemas en los estados estacionarios es gobernado por las leyes ordinarias de la mecánica, estas leyes no se mantienen

durante el paso de los sistemas entre los diferentes estados estacionarios.

3. La radiación emitida es una unidad homogénea – uno de los "quanta" identificados por Planck.

4. Los estados estacionarios están determinados por la energía emitida y el giro de los electrones.

5. El estado "permanente" de cualquier sistema atómico es el cual en el que la energía es emitida a su máximo (Moore, 1966, p. 67).

Esto describe lo que es conocido como el modelo cuántico del átomo. En este modelo, Bohr está combinando el modelo atómico de Rutherford con el concepto de los "quanta" que fue elaborado por Max Planck en 1900, similar al trabajo de Einstein, quién en 1905 había explicado el efecto fotoeléctrico usando los quanta de Planck. Bohr rompió con la visión clásica de la continuidad en la Física, alineándose con la filosofía de James (también reconocida por Høffding) de que la realidad ocurre como una serie de pasos discretos, mientras que el concepto del estado estacionario establece una cercana similaridad con la descripción de James sobre el flujo del pensamiento que tiene lugares de descanso o "partes substantivas" y lugares de vuelo – las "partes transitorias" descritas anteriormente. Esta visión filosófica le permitió a Bohr probar uno de los más importantes elementos de la teoría cuántica, siguiendo su primer paso, que fue el hacer una descripción completa de la estructura atómica, al mismo tiempo que encontraba una explicación muy completa sobre la naturaleza de la realidad.

El siguiente problema que encontró Bohr fue el tratar de determinar la relación entre las propiedades del movimiento de un electrón en el estado estacionario y la radiación emitida, también conocida como el comportamiento del espectro y la estructura atómica. Bohr se encontró en la búsqueda de experimentos que le permitieran encontrar información relevante a la visión de particular que le pudiera dar una Coordinación espacio-tiempo y a la vez mostrar que las leyes de la conservación pueden probar el concepto de la causalidad. Como McEvoy lo menciona, Bohr encontró, sin embargo, que las leyes de la dinámica en el estado estable, con respecto al cálculo de las órbitas, aplica únicamente cuando el átomo no se encuentra bajo observación; cuando, por otro lado, el átomo está siendo observado, el estado estacionario es interrumpido (p. 41). El significado de esta observación fue que el análisis no era posible en términos de las leyes clásicas de la Física.

Tanona (2002) describe como, para poder encontrar una solución al problema de la separación entre el espectro y la estructura atómica, Bohr utilizó el principio de Correspondencia, demostrando una conexión directa, usando la teoría clásica, entre la oscilación de los electrones y las propiedades de la radiación, por lo tanto también obteniendo el "eslabón perdido en el esquema entre las propiedades de la órbita y la ocurrencia de las transiciones" (p. 61). Tanona además indica que, mientras que la conexión directa " no puede mantenerse exactamente como sucede en la teoría clásica, porque los mecanismos son diferentes, se asume que la conexión todavía mantiene sentido para permitir que se pueda completar el puente epistemológico entre los fenómenos empíricos y la teoría cuántica de las propiedades del átomo" (p. 61).

Tanona menciona que Bohr nunca trató de describir explícitamente la manera en que las transiciones ocurren, pero Bohr hablo de "la conexión de correspondencia entre el espectro y el movimiento casi en términos causales: la apariencia de una línea particular y la ocurrencia de la transición correspondiente estaba *asociada con*, era *condicionada por*, o de otra forma *dependiente de* la presencia de la armónica correspondiente en el movimiento" (p. 61). Citando los escritos de Bohr de 1920 a 1922, Tanona nos proporciona definiciones más claras del principio de Correspondencia como sigue:

> De acuerdo al principio de correspondencia nosotros llegamos inmediatamente a la conclusión, de que para cada estado estacionario en el sistema no perturbado

le corresponde un número de estados estacionarios en el sistema perturbado de tal manera, que para una transición entre dos de estos estados una radiación es emitida, cuya frecuencia se encuentra con la misma relación al curso periódico de las variaciones en la órbita, como el espectro de un simple sistema periódico lo hace en su movimiento en los estados estacionarios (p. 71).

Bohr mismo (1934) concluyó que "El principio de Correspondencia expresa la tendencia a utilizar en el desarrollo sistemático de la teoría cuántica cada función de las teorías clásicas en una transcripción racional apropiada al contraste fundamental entre los postulados y las teorías clásicas" (p. 37).

Mientras que el principio de Correspondencia sustentó ampliamente el conocimiento del modelo atómico, Bohr continuó hasta 1927 tratando de resolver el problema de tres aspectos importantes de la física clásica, siendo estos: la descripción del "espacio-tiempo", la cual está determinada por la observación; las "explicaciones de causalidad" que permiten al investigador determinar el estado del sistema que *no* está siendo observado, y el entendimiento que los sistemas físicos continuan cambiando de estado a través del tiempo. Su principal esfuerzo fue el de entender la relación entre estos tres elementos, particularmente en encontrar cómo los primeros dos pueden ser alterados cuando el tercero es negado (Folse, 1945, p.67).

En la publicación de Bohr titulada *El Postulado cuántico y el reciente desarrollo de la teoría atómica*, él describe el método que seguiría de la siguiente manera:

> La misma naturaleza de la teoría cuántica por lo pronto nos fuerza a tomar en cuenta la Coordinación espacio-tiempo y la reclamación de la causalidad, la unión de los cuales caracteriza las teorías clásicas, como características complementarias pero exclusivas de la descripción, simbolizando la idealización de la observación y definición respectivamente....... En verdad, en la descripción de los fenómenos atómicos, el postulado cuántico nos presenta con la tarea de desarrollar una teoría de "Complementariedad", la consistencia de la cual puede ser juzgada únicamente al sopesar las posibilidades de definición y de observación (Bohr, 1934, pp. 54-55).

La Complementariedad de Niels Bohr

Bohr introdujo formalmente su concepto de Complementariedad en Física Cuántica en Septiembre de 1927 durante la conferencia de Volta que fue efectuada en Como, Italia durante el Congreso Internacional de Física (Holton, 1973, p. 99). Como fue indicado anteriormente, cuando se aborda el problema de las partículas al nivel cuántico, Bohr tuvo que alejarse de la Física Clásica usando una base filosófica diferente. El problema era cómo explicar el comportamiento de algunas de las propiedades fundamentales de la materia tales como el momento y la posición, al nivel de partículas elementales, de una manera que se pudiera mantener el Principio de Incertidumbre de Heisenberg. Las teorías clásicas indicaban que el comportamiento de las partículas podía ser descrito en términos de "variables dinámicas aceptables las cuales son todas, en principio, capaces de ser definidas al mismo tiempo con una alta precision arbitrariamente" (Bohm, 1951, p. 158), pero de acuerdo al Principio de Incertidumbre, el momento y la posición no pueden ser conocidos al mismo tiempo. Mas bien, éstas deben de ser consideradas "variables entrelazadas" o, de manera más exacta, "potencialidades entrelazadas," representando propiedades opuestas que pueden ser comparativamente bien definidas bajo condiciones diferentes. De acuerdo con Bohm (1951), estas potencialidades se complementan una a la otra, ya que cada una es una parte necesaria de una descripción completa del proceso físico a través del cual el electrón se manifiesta a sí mismo. – por esta razón es llamado el "Principio de Complementariedad" (p. 159).

La propagación de la luz en el espacio-tiempo está descrita por el elemento de onda de la luz, pero algunas interacciones locales y causales muestran su naturaleza de partícula. Por lo tanto, Bohr extendió la aplicación de la Complementariedad a la asociación del concepto de "Coordinación del espacio-tiempo" con la descripción del quanta de onda-abstracta, al definir "la Coordinación espacio-tiempo y la afirmación de la causalidad como características complementarias pero exclusivas de la descripción de las observaciones en experimentos que investigan el comportamiento de los quanta" (Hinterberger & Von Stillfried, 2012, p. 3).

Los trabajos de Bohr no ofrecían una definición formal de la Complementariedad. Y algunas veces él utilizó el término con diferentes significados. La mayoría de los Físicos de la época de Bohr encontraban el concepto de Complementariedad como falto de claridad, pero el fue capaz de obtener el soporte de Físicos clave tales como Wolfgang Pauli, como será discutido más adelante en este libro (Atmanspacher & Primas, 2006, p. 14).

Para su descripción de Complementariedad, Tanona (2002) escribe que Folse nos ha provisto con "uno de los más cuidadosos intentos para entender la Complementariedad en el cual nos advierte en contra de pensar que existe una correspondencia uno-a-uno entre el par onda/partícula y el par de Coordinación de la causalidad espacio/tiempo" (p. 174). Folse parece ser uno de los pocos investigadores que reconoce o enfatiza que "debe de existir una gran dis-analogía

entre los diferentes pares en complementariedad" (p. 174).
Enseguida, Tanona hace una observación muy importante
acerca del concepto de Complementariedad, indicando que:

> Lo que es nuevo en el mundo cuántico debe de ser
> diferente para esos pares diferentes de descripciones
> complementarias: en algunos casos es su
> incompatibilidad, mientras que en otros casos ninguno
> de ellos por sí solos pueden proveer una descripción
> completa de un sistema. Sería un error pensar que uno
> pudiera alguna vez entender la causalidad en términos
> de ondas únicamente y las descripciones del espacio-
> tiempo en términos de partículas únicamente (p. 174).

Más tarde, el agrega lo siguiente:

> .... En física cuántica aprendemos que diferentes
> historias contradictorias (ejemplo: el electrón se
> comporta como partícula, el electrón se comporta
> como onda) deben de ser unificadas. Esto quiere decir,
> ambas deben de ser usadas de una manera
> complementaria; aunque son mutuamente exclusivas
> estas son igualmente exactas en diferentes
> circunstancias. (p. 175).

Por lo pronto, el concepto de Complementariedad de
Bohr como se presenta aquí cubre solamente lo que Katsumori
(2011) describe como el "período inicial." Él señala que Bohr
utilizó el concepto de Complementariedad en diferentes
etapas de su trabajo profesional, cada vez mejorándolo sobre
las versiones anteriores. La definición de Katsumori sobre los

diferentes períodos de la Complementariedad de Bohr es la siguiente:

- El periodo inicial – Está alineado con la conferencia que impartió Bohr en Como en 1927, conocida como la introducción formal del concepto en el campo de la Física Cuántica
- El período intermedio – Empezando en 1935 con el debate de Bohr con Albert Einstein sobre la teoría conocida como EPR (Einstein-Podolski-Rosen) y que se extendió hasta aproximadamente 1950
- El período final – Inicia a partir de 1950 y continua hasta la muerte de Bohr en 1962 (Katsumori, 2011, p. 11).

Mientras en este libro no se distinguen los períodos de la evolución de la Complementariedad exactamente de la manera en que Katsumori los describe, los tres períodos señalados se encuentran cubiertos.

LAS INFLUENCIAS FILOSÓFICAS DE BOHR

La creencia general en los círculos científicos con respecto al concepto de la Complementariedad es que este fue un resultado de la llamada Interpretación de Copenhague de la Física Cuántica, teniendo sus raíces en las relaciones de la incertidumbre reportadas por Bohr y Heisenberg alrededor de

1927. Como menciona Meyer-Abich, "las ideas filosóficas y psicológicas de Bohr en verdad lo prepararon para que entendiera los fenómenos cuánticos" (Meyer-Abich, 2004, p. 93). Al leer los escritos de Bohr, encontramos una conexión consistente con los conceptos psicológicos, como se muestra en el siguiente párrafo:

> La inevitable influencia por introspección de toda la experiencia psíquica, es decir, caracterizada por el sentimiento de voluntad, muestra una similaridad extraordinaria a las condiciones responsables de la falla de la causalidad en el análisis de los fenómenos atómicos. Sobre todo, como se indica, un refinamiento esencial de nuestra interpretación, originalmente basado en la causalidad física, del paralelismo psicofísico debería de resultar de cuando tomamos en consideración la modificación impredecible de la experiencia psíquica producida por cualquier intento de hacer un rastreo objetivo de los procesos físicos acompañantes en el sistema nervioso central. Con respecto a esto, sin embargo, no debe de olvidarse que, al asociar los aspectos psíquicos y físicos de la existencia, estamos interesados en una relación especial de Complementariedad la cual no es posible completamente entender a partir de la aplicación unilateral de sólo una ley física o psicológica (Bohr, 1934, pp. 23-24).

La orientación de Bohr parece ser fuertemente pragmática. Plotnitsky (1994) menciona:

Murdoch describe como "Bohr estaba de acuerdo en que ya sea que los electrones tengan una propiedad conjuntiva, (simultáneamente expresando posición y momento) (aun y cuando no lo podamos medir) es una pregunta metafísica en el sentido peyorativo a la cual los positivistas no le darían este término....... La base del arreglo de Bohr, sin embargo, no era positivismo, sino Pragmatismo" (Plotnitsky, 1994, p. 84). También, Beller (1999) escribió que el concepto de Bohr sobre el tema del Todo regresaba al análisis de James sobre los fenómenos mentales, en el cual Bohr se conectó a la idea del Todo expresada por James: "Si se tienen algunas cosas....estas están conectadas de tal manera que si se tratan de separar unas de otras, el resultante no tiene nada que ver con la situación inicial" (Beller, 1999, p. 255). Stapp (1972) describió que Bohr creía que había un elemento del Todo en el proceso atómico, relacionado al quantum de acción y completamente desconocido para la ciencia clásica, la cual rechazaba la creencia clásica que requería que los instrumentos de medición y los objetos atómicos se mantengan separados unos de los otros; "la inseparabilidad resultante del objeto atómico del fenómeno del Todo nos requiere una descripción estadística inevitable (Stapp, 1972, p. 1109).

Stapp (1972) también hizo un punto importante en relación a la orientación pragmática de la interpretación de Copenhague (p. 1105), haciendo referencia a las palabras del primer libro de Bohr:

El trabajo de la ciencia es el de extender el rango de nuestra experiencia y reducirlo a un orden..... en Física nuestros problemas consisten en la Coordinación de nuestra experiencia del mundo externo....... En nuestra descripción de la naturaleza el propósito no es descubrir la esencia real del fenómeno sino sólo buscar hasta dónde sea posible las relaciones entre los multiples aspectos de nuestra experiencia (Bohr, 1934, P. 1).

LA CONEXIÓN DE BOHR CON WILLIAM JAMES

Existe una amplia evidencia que indica que Bohr tuvo influencia de los trabajos de William James, particularmente con respecto al desarrollo de la Complementariedad. Holton (1973) indica que "entre los científicos alemanes Bohr acostumbraba mencionar a James pero sólo a algunos otros pocos filósofos" y su trabajo de 1929, *El Quantum de acción y la descripción de la naturaleza*, pudiera fácilmente referirse directamente al capítulo "El Flujo del Pensamiento" del libro *Los principios de la psicología* de William James (p. 122). El Físico Leon Rosenfeld, un colega cercano de Bohr, describió cómo Bohr se interesó y se entusiasmó en el trabajo de James aproximadamente en 1932, muchos años después de completar sus teorías. Rosenfeld, también mencionó que Bohr mismo le dijo en alguna ocasión que "yo me encontraba básicamente solo al trabajar estas ideas y no tuve ayuda de nadie" (Holton, 1973, p. 122).

En una entrevista con Bohr, conducida el 17 de Noviembre de 1962, por T.S. Kuhn, A. Petersen y E. Rüdinger, un día antes del fallecimiento de Bohr, Kuhn le preguntó a Bohr si él había leído algunos de los trabajos de varios filósofos, Bohr hizo referencia a que, con la intervención de su amigo, el psicólogo Edgar Rubin, había leído el trabajo de William James, mencionando específicamente "El Flujo del Pensamiento." Kuhn le preguntó a Bohr cuándo es que había leído a James, y Bohr le indicó que lo hizo "tal vez al tiempo que se encontraba trabajando con la tensión de las superficies o tal vez un poco más tarde." Aun más, Bohr indicó que esto sucedió antes de que él fuera a Manchester, cuando aun era un estudiante (Faye, 1991, p. 32). Al final, esta entrevista no dejó claro el tiempo exacto cuando Bohr leyó el trabajo de James, por lo tanto, agregando al debate entre los creyentes en la influencia de James sobre Bohr y los creyentes en la independencia de Bohr como pensador y productor de un trabajo independiente (Holton, 1970, p. 1035).

Independientemente de que tanta influencia tuviera James sobre Bohr y su equipo, Stapp (2007) ha demostrado que, leyendo el trabajo de James, podemos discernir claramente cómo él se adelantó a ver la caída de la Física Clásica, con la base de que esta no permitía ninguna influencia de la mente sobre sus preceptos (p. 38). Más aun, las conexiones descritas en los trabajos de James proveen una explicación que soporta la creencia de los mismos principios dinámicos que explican los fenómenos atómicos como son mostrados en la dinámica mente-cerebro, donde el mundo es visto no como hecho de materia, sino mas bien como "una estructura informacional que causalmente liga los dos elementos que se combinan para constituir la práctica científica, llámese el lado psicológico descrito por nuestros flujos de experiencias conscientes y el lado matemático que describe las tendencias objetivas que amarran nuestras acciones seleccionadas con la experiencia" (Stapp, 2007, p.38).

Una de las áreas donde existe gran similaridad entre los trabajos de Bohr y la anterior filosofía de James es en el concepto de "Correspondencia" cuando se aplica a las "partes transitorias" o "brincos." Holton (1970, p. 1036) describe cómo, durante la entrevista de Kuhn con Bohr, este mencionó que, después de leer "El Flujo de Pensamiento" en el libro de James *Los principios de la psicología*, el llegó a la conclusión de que James había establecido que un pensamiento podía existir sólo en relación al dueño específico de ese pensamiento, haciendo al pensamiento y al pensador, sujeto y objeto, fuertemente entrelazados. Según leemos los trabajos de James, aprendemos que él escribió que " la conciencia no parece estar partida en pequeños pedazos.... Sino que se encuentra unida;

fluyendo como un río o un arroyo, son las metáforas con las que es más frecuentemente descrito. *Al hablar de este fenómeno de ahora en adelante, llamémosle el flujo de pensamiento, de conciencia, o de la vida subjetiva"* (James, 1890, p. 239).

Aún en más detalle, Holton (1970) describe la metáfora de James " como la vida de un ave, (el pensamiento) parece ser una alteración de vuelos y escalas" (como es mencionado anteriormente), teniendo una relación directa con la descripción de Bohr de los estados estacionarios del átomo (p. 1036). En realidad, desde sus trabajos iniciales de la teoría atómica, Bohr (1934) se dio cuenta que no era posible hacer una "descripción causal coherente del fenómeno atómico" (p. 7). La teoría que él y su equipo estaban desarrollando no era explicable con el uso de los términos clásicos o causales. Bohr requirió introducir en su teoría el elemento de incertidumbre de Heisenberg, en el cual cualquier medición dirigida a rastrear el movimiento de las partículas elementales genera una interferencia determinada por la magnitud del quantum de acción, el cual aplica a "los agentes de observación al igual que al fenómeno bajo investigación..... *La magnitud finita del quantum de acción previene al mismo tiempo una distinción clara hecha entre el fenómeno y el agente que está siendo observado"* (Bohr, 1934, p.11).

Más tarde, alrededor de 1929, Bohr (1934) escribió sobre las condiciones generales que están presentes durante la creación de nuestros conceptos, una vez más como una explicación de la necesidad de pensar mas allá de los modelos causales de la Física Clásica. Él observó: " La imposibilidad de distinguir de nuestra manera acostumbrada entre los fenómenos físicos y sus observaciones nos coloca, en verdad, en una posición similar a aquella situación que es familiar en Psicología donde se nos recuerda continuamente de la dificultad de distinguir entre el sujeto y el objeto." (p.15). En estos dos comentarios podemos ver la similaridad de los conceptos utilizados por James como parte de su descripción de las relaciones entre el pensamiento y el pensador, y el observador y aquello que es observado.

Además, el primer postulado de la Física Cuántica de Bohr indica: " Un sistema atómico posee una cierta multitud de estados, los "estados estacionarios," a los que corresponde en general una secuencia discreta de valores de energía y que tiene una estabilidad peculiar. Esto último se muestra a sí mismo en que cada cambio en la energía del átomo debe de ser causado por una "transición" del átomo de un estado estacionario a otro" (Bohr, 1934,p. 31). Notamos aquí cómo los conceptos de los estados transicionales y estacionarios que Bohr usaba en su teoría atómica muestran una gran similaridad con los conceptos presentados anteriormente por James.

LA CONEXIÓN DE BOHR CON HARALD HØFFDING Y EDGAR RUBIN

De acuerdo a Faye:

> Ninguna otra persona más que Høffding y Einstein significaron tanto para Bohr desde un punto de vista intelectual......Einstein como el primero entre sus colegas, de quién Bohr buscaba su aprobación mas que nada, pero, como es bien conocido, nunca la obtuvo; Høffding, como su mentor y la persona que iniciaría a Bohr en la filosofía y cuyo respeto y aceptación tenía fácilmente ganados (Faye, 1991, p xx).

Harald Høffding era amigo del padre de Bohr y era un invitado frecuente a la casa de la familia, cuando el tomó parte en conversaciones intelectuales entre el padre de Bohr y varios de sus invitados, todos ellos eminentes miembros de diferentes campos académicos. Bohr mismo cuenta sus recolecciones de las discusiones académicas que se llevaban a cabo en la casa de sus padres.

Como se indica anteriormente, durante su primer año en la Universidad de Copenhague, Bohr requirió atender un curso propedéutico en filosofía llamado *"Filosofikum,"* el cual era impartido por Høffding y otros dos profesores. El curso requería tres diferentes libros de texto, todos escritos por

Høffding (Favrholdt, 1992, p. 16). Høffding y Bohr más tarde mantuvieron un fuerte contacto y diálogo filosófico entre 1906 y 1931, cuando Høffding falleció. Como un ejemplo de la frecuencia de sus reuniones, Favrholdt ha encontrado evidencia de 35 reuniones entre 1917 y 1922 en las que ambos estuvieron presentes (Favrholdt, 1992, p. 23). Los principales períodos de contacto entre Bohr y Høffding parecen haberse llevado a cabo, primero, cuando Bohr era un estudiante de Høffding; luego entre 1903 y 1911, antes de la publicación del modelo atómico de Bohr; y también entre 1927 y 1928 durante el tiempo cuando Bohr publica su concepto de Complementariedad.

Faye escribió que los historiadores de la ciencia Max Hammer y Gerald Holton ambos están de acuerdo que Kierkegaard tuvo influencia sobre el trabajo de Bohr sobre "la estructura del átomo de Hidrogeno en 1913 y más tarde en 1926 al desarrollar la idea de Complementariedad," pero sería más correcto decir que " Bohr había sido influenciado por la exposición y entendimiento de Høffding sobre la filosofía de Kierkegaard más que por Kierkegaard mismo" (Faye, 1991, p. 37). De acuerdo con Faye, hay evidencia de que Bohr atendió una serie de conferencias sobre Kierkegaard en 1905 presentadas por Høffding. Faye también indica que los principales elementos de la filosofía de Kierkegaard que pudieron haber influenciado las ideas de Bohr incluyen

La noción de incompatibilidad del pensamiento y la realidad: Podemos crear un sistema de ideas pero no un sistema de realidades porque tanto la "existencia," la cual es reconocida y el sujeto existente, que se reconoce, están localizados en el tiempo, y sólo el singular o el individual existen en contraste a la abstracción, que pertenece al plano del pensamiento. O sea, la verdad puede, según Kierkegaard, sólo puede ser atrapada de una manera personal: la verdad es subjetiva al mismo tiempo que la subjetividad es verdad (Faye, 1991, p.35).

Høffding explica el punto de vista de Kierkegaard con respecto al conocimiento de la siguiente manera:

Nosotros deducimos las ideas fundamentales de la experiencia y la experiencia existe eternamente imperfecta. Nosotros entendemos solamente lo que ya ha pasado; el conocimiento llega después de la experiencia. Nosotros reconocemos con respecto al pasado – pero vivimos con respecto al futuro. Esta oposición entre el pasado y el futuro da cuenta de la tensión de la vida y nos presiona con la irracionalidad de vivir (Høffding, 1912, p. 202).

Estas reflexiones de Kierkegaard se encuentran alineadas con la manera en que Bohr abordó la relación sujeto-objeto al igual que la naturaleza de la experiencia en la definición de la realidad.

Aunque las teorías de Bohr muestran que él no adoptó las posiciones filosóficas de Høffding en su trabajo o que

Høffding influenció la forma de la epistemología de Bohr, "todos los mayores elementos filosóficos que Bohr empleó en su teoría, con excepción, quizá, de la Complementariedad, son discutidos en los escritos de Høffding" (McEvoy, 2001, p. 282). Los pensamientos de Høffding sobre la Psicología y la Física fueron dualistas, como él lo indicaba, "La mente y la materia forman una dualidad irreducible, tal como el sujeto y el objeto" (McEvoy, 2001, p. 284). En relación al concepto de la realidad, Høffding escribió: " La realidad que nosotros reconocemos es, sin embargo, sólo una parte de un Todo más grande, - y en esto nosotros no estamos en una posición de determinar la relación entre las partes y el Todo" (McEvoy, 2001, p. 285). Con respecto al concepto de Individualidad en relación al Todo, Høffding escribió:

El mundo material no nos muestra a nosotros individualidades reales, estas son primero conocidas desde un punto de vista psicológico desde el cual centros internos de memoria, acción y esfuerzo son descubiertos. Si ahora nosotros construimos de los elementos mentales individuales (sensaciones, pensamientos, sentimientos, etc.) algo capaz de ser transformado en otras combinaciones, tales como átomos químicos, lo que seguiría es que estos podrían tener una existencia aparte de una conciencia individual definida, una suposición la cual nuestra cuenta de conciencia nos muestra como absurda. Sensaciones, pensamientos y sentimientos, son actividades mentales, las cuales no pueden persistir

90

cuando la conexión individual definida, en la cual estas ocurren, se ha terminado. Estas corresponden a las funciones orgánicas, pero no a los elementos químicos (Høffding, 1882, pp. 66-67).

Al leer este párrafo de Høffding, encontramos grandes similaridades con la forma que Bohr describe el concepto de Correspondencia. Como menciona McEvoy, " Una revisión de los temas discutidos por Høffding y por Bohr, y del lenguaje en que ambos se expresan, muestra una fuerte relación entre los modos de expresión que ambos usaban" (McEvoy, 2001, p. 287).

De acuerdo a Pringe (2007), Høffding le dio a Bohr el "esquema de referencia Kantiano que le permitió manejar el problema epistemológico que presentaba la Teoría Cuántica" (p. 124). El también describió cómo, de acuerdo con los puntos de vista de Høffding, las analogías y los símbolos fueron centrales en la investigación científica, ya que " estos nos permiten formular hipótesis que guían nuestra investigación empírica en planos en donde nuestro conocimiento aun no se encuentra desarrollado. En nuevos campos de investigación nosotros presuponemos que los objetos guardan relaciones con lo que es similar a lo ya conocido...... en segundo lugar, por medio de las analogías nosotros podemos *unificar* diferentes áreas del conocimiento" (Pringe, 2007, p. 131). Este método de usar analogías y símbolos parece estar presente en el trabajo de

Bohr a través del desarrollo de los principios de Correspondencia y de Complementariedad.

Sobre el curso de muchos años, los historiadores Faye y Favrholdt llevaron a cabo un fuerte debate sobre la potencial influencia de Høffding sobre el trabajo de Bohr. Faye indicaba que Høffding fue una influencia mayor sobre Bohr y que Bohr uso partes de la filosofía de Høffding en su trabajo, mientras que Favrholdt mantuvo que Bohr estaba en realidad opuesto a algunas de las ideas de Høffding – tales como el determinismo – y que el no podía haber sido influenciado grandemente por Høffding. Independientemente de cuántas de las ideas de Høffding influenciaron a Bohr directamente, Høffding fue el filósofo quien tuvo el mas largo y directo contacto con Bohr. Como Faye escribió:

> Uno no necesita tener, y la mayoría de las veces no lo tiene, un entendimiento completo y critico sobre el trabajo de un filósofo para ser influenciado por sus ideas. Uno puede tener un nivel un tanto superficial de la filosofía de un hombre y aun así encontrar alguna idea o tema importante en ello, la cual sea útil y que genere inspiración. En realidad, en lo que respecta a "influencias" uno puede ciertamente escoger ideas de diferentes fuentes, independientemente de que uno entienda o esté de acuerdo con cualquiera de estas fuentes en su totalidad, y sin que estas sean o no consistentes entre ellas (Faye, 1991, p. 39).

Resumiendo el contacto de Høffding con Bohr a través de su vida, encontramos que él fue el filósofo con el cual Bohr mantuvo la relación más larga, primero, como un amigo de la familia quién visitaba la casa de Bohr para las conversaciones intelectuales en las cuales Bohr participó; segundo, como profesor de Filosofía de Bohr; y tercero, como amigo y mentor de Bohr. Høffding fue también, como se indicó anteriormente, una posible fuente de introducción de Bohr con William James y las filosofías de Kierkegaard y Kant.

Faye (1991) ha presentado un elemento clave de evidencia en relación a la influencia de Høffding sobre el trabajo de Bohr. Entre 1927 y 1928, cuando Bohr se encontraba en el proceso de comunicar el concepto de Complementariedad al mundo científico, las reuniones entre Bohr y Høffding se volvieron más frecuentes, mientras Høffding hacía que Bohr le pusiera atención a "la existencia del punto de vista observacional en psicología, similar al encontrado en la Mecánica Cuántica, ambos relevantes al problema general en la Teoría del Conocimiento de la distinción entre el sujeto y el objeto (p. 52). Para sustentar este argumento, Faye (1991) menciona el mensaje presentado por Bohr para el evento de celebración del cumpleaños 85 de Høffding, en el cual Bohr describe la importancia de la colaboración interdisciplinaria, principalmente la Filosofía y la Física:

...... si de cualquier manera, me encuentro el día de hoy motivado a hacer una contribución el día de hoy para expresar nuestra gratitud, es primero, y más que nada, a la conexión entre la Filosofía y las Ciencias Naturales, la que el mismo Høffding ha mencionado tan frecuente y energéticamente, y que yo mantengo en mente. Esta conexión es una que no sólo se encuentra en las primeras fases de la ciencia, sino es también algo permanente: la fertilización cruzada ha tomado lugar durante el desarrollo completo de la ciencia hasta tiempos recientes, donde la vasta acumulación de datos empíricos en todos los campos y el alto estándar de los métodos requeridos para la adquisición y análisis de los datos han necesitado una especialización muy extensa en la ciencia (Faye, 1991, p. 52).

Como se menciona anteriormente, Favrholdt (1992) discutía que la principal influencia Filosófica sobre Bohr se habría originado con su amigo Edgar Rubin (p. 119). En 1905, Rubin organizó un grupo de estudiantes llamado El Círculo – Eklíptica. Este grupo se reunía frecuentemente para asistir a clases, muchas de ellas relacionadas con Filosofía, Literatura, Lingüística, Arqueología, e Historia. Niels y su hermano Harald Bohr estaban presentes con frecuencia en estas reuniones. Rubin y los miembros del Círculo-Eklíptica le daban seguimiento a los seminarios de Høffding y se reunían con Høffding mismo en varias ocasiones. Favrholdt (1992) hace notar que varios historiadores creen que este grupo pudo haber sido de vital importancia "para la formación de los pensamientos de Niels Bohr " (p. 21). Existe evidencia que muestra que el Círculo-Eklíptica mantuvo sus reuniones hasta el año 1916, pero que no todos los miembros originales siempre estuvieron presentes. Bohr mismo debe de haber dejado el grupo cuando viajó de Cambridge a Manchester en 1911 para trabajar en su tesis doctoral (Faye, 1991, p. 19).

Durante la entrevista con Bohr en 1962 conducida por Kuhn, Petersen y Rüdinger que se mencionó anteriormente, Bohr indicó que fue Rubin quien le aconsejo que leyera a William James, lo cual Bohr aparentemente hizo alrededor de 1905, durante el tiempo que Rubin estaba iniciando el Círculo-Eklíptica (Pind, 2014, p, 205). Pind (2014) también cita a Margrethe Bohr, durante una entrevista con Kuhn, diciendo, " Rubin era el único que lo entendía muy bien. Y él frecuentemente decía más tarde, cuando Niels publicó sus cosas sobre Complementariedad, "No has hablado de esa manera desde que tenías 18 años" (p. 208).

En relación a la conexión entre Bohr y Rubin, Pind también escribió:

> Nos encontramos atados al lenguaje, Bohr mencionó en más de una ocasión. No es sorpresa que sintiera una especial afinidad con escritores como Kierkegaard y James, quienes trataban de describir las más complicadas expresiones como características de la

conciencia humana. El describir éstas era también para Rubin una de las más importantes tareas de la Psicología, si bien fuera una tarea tan complicada, como escribió en numerosas ocasiones como se menciona anteriormente. Rubin entendía a Bohr "tan bien" – como lo menciona Margrethe Bohr - ambos luchaban para encontrar la manera apropiada en la cual formular las descripciones científicas (Pind, 2014, p. 209).

Filosóficamente, había un paralelo entre el trabajo de Rubin en el análisis del campo de las figuras y la noción de la Complementariedad de Bohr. Como se mencionó anteriormente, Rubin es bien conocido por su ilustración conocida como "El Vaso de Rubin," en la cual la distinción del campo de la figura hace que el observador pueda percibir ya sea la forma de una vasija o el perfil de dos caras.

La larga relación de Rubin con Bohr desde la infancia hasta convertirse en amigo de toda la vida hizo posible que ambos mantuvieran comunicación y se enfrascaran con frecuencia en conversaciones filosóficas mientras ambos eran profesores en la Universidad de Copenhague. La evidencia muestra que Rubin sugirió a Bohr que leyera a James y, juntos, los dos hombres mantuvieron el diálogo intelectual con Høffding. El nivel de influencia de Rubin sobre el trabajo de Bohr no puede determinarse claramente, pero Rubin, como un distinguido y bien reconocido Psicólogo, seguramente era la primera selección de Bohr cuando necesitaba discutir sus ideas y encontrar fuentes de inspiración, y un alineamiento entre la Psicología y la Física. Pind ha indicado la similaridad del escudo de armas de Bohr cuando fue nombrado caballero de la orden del elefante en Dinamarca, usando la figura conocida como Ying-Yang que muestra gran similaridad con las figuras que Rubin usaba en sus estudios de figura y campo (Pind, 2014, p. 209) como otra sutil indicación de la influencia de Rubin.

FIGURA 3

ESCUDO DE ARMAS DE BOHR (Pind, 2014, p. 209)

LOS COMPONENTES DE LA TEORÍA DEL CONOCIMIENTO DE BOHR

Por un período de aproximadamente 40 años, Niels Bohr trabajó en desarrollar una teoría de conocimiento basada en el concepto de Complementariedad. Es durante este tiempo que el concepto logró la mayor parte de su evolución hasta la fecha. Bohr trabajó consistente y sistemáticamente, empezando con su investigación sobre la estructura del átomo en 1913, continuando hasta la conclusión de su argumento con Einstein en relación con la teoría EPR (Einstein-Podolski-Rosen), y luego ampliando el concepto a otros campos.

De acuerdo con Tanona (2002), " Hasta la fecha no ha habido un solo análisis completo de la filosofía de Bohr y el significado de su base en la Física Clásica que ha incluido un examen de su trabajo con el principio de Correspondencia" (p. 12). Sin embargo, yo considero que ha habido esfuerzos continuos para presentar una descripción y un análisis completo de la filosofía de Bohr, tal como el trabajo llevado a cabo por McEvoy en su libro: *Niels Bohr: Reflections on Subject and Object* (2001). Aunque Bohr mismo nunca publicó un resumen de sus puntos de vista filosóficos, McEvoy (2001) ha presentado una revisión muy completa de la epistemología de Bohr, la cual el ha mantenido de manera consistente mientras esta evolucionó durante sus estudios de Física Cuántica y luego expandió hasta lograr una Teoría del Conocimiento. Los principales elementos incluidos en esta teoría son los siguientes:

- La conceptualización del conocimiento con su principio de Complementariedad como el elemento central
- La explicación de por qué los medios de adquirir conocimiento y los estados que se

originan en nuestras experiencias no se pueden extender fuera de nuestra experiencia ordinaria

- El requerimiento de mantener una separación entre el sujeto y el objeto en todas nuestras descripciones físicas (McEvoy, 2001, p. 176)

Una de las principales áreas de preocupación de Bohr a través de todo su trabajo fue sobre cómo mantener la relación adecuada entre el experimento y la teoría, o como las observaciones deben de alinearse a la teoría. El resumen de McEvoy sobre esta visión es la siguiente:

1. La raíz de la Coordinación de las posibilidades de descripción y observación se reflejan una a la otra en la preparación del experimento. Estas están descritas en términos clásicos, y la preparación del experimento determinará la aplicación para las descripciones teóricas específicas y qué es lo que será posible observar.

2. Las condiciones para la atribución de una descripción a un sistema requieren una referencia al sistema que está siendo medido y una referencia al arreglo completo del experimento.

3. El resultado observado de un experimento y la interpretación de estos resultados se encuentran conectados en referencia a los arreglos hechos para el experimento.

4. Cuando el experimento que mide algo específico que es observable es terminado, y sus resultados

son registrados, aquello observable puede ser identificado como definitivo para ese sistema (McEvoy, 2001, p. 176)

Como puede verse, Bohr le invirtió una gran cantidad de esfuerzo a determinar las definiciones específicas acerca de la observación, al igual que a la calidad y la extensión de la validez de las observaciones. Bohr hizo un intento muy grande para mantener su epistemología alineada con una estructura conceptual específica, manteniendo en mente que las observaciones y sus interpretaciones necesitan mantenerse en referencia a dicha estructura; la cual podía incluir elementos tales como una estructura de referencia con localización y tiempo; algunos conceptos físicos con una posición y un momento; algunos elementos metafísicos tales como la causalidad, el determinismo, la continuidad, y la simetría; y otros. El principal argumento de Bohr era que "la estructura conceptual provista por la experiencia ordinaria y la Física Clásica tiene un rol especial en la Epistemología" (McEvoy, 2001, p. 177).

Continuando con una descripción estructurada de la Epistemología de Bohr, McEvoy (2001) nos presenta los siguientes elementos:

Tesis de descripción de Bohr – La descripción del arreglo experimental debe de darse en términos de la estructura conceptual expresada por la Física Clásica.

100

Tesis de Observación de Bohr – La observación de una entidad requiere una estructura conceptual clásica para la expresión tanto de los resultados del experimento como la descripción del arreglo experimental. La interpretación de una observación requiere que el sujeto haciendo la observación y el objeto observado tengan descripciones separadas en las cuales la cantidad microscópica medida y el indicador macroscópico tengan una relación no ambigua – las variables que describen al sujeto y las variables describiendo al objeto no son compartidas.

Argumento principal de Bohr – Por la palabra "experimento" nos referimos a una situación donde nosotros podemos decir a otros lo que hemos aprendido; por lo tanto, el detalle del arreglo experimental y los resultados de la observación deben de ser expresados en mensaje no ambiguo con una propia aplicación de la terminología de la Física Clásica (McEvoy, 2001, pp. 177-179).

A través de los años de su trabajo en Física Cuántica, Bohr se mantuvo siempre preocupado sobre el impacto y limitaciones del lenguaje cuando se comunica un conocimiento nuevo. Esto explica la importancia de tener conceptos no ambiguos y la necesidad de asegurar una definición adecuada en la estructura conceptual. Las interacciones entre el sujeto y el objeto que se va a medir genera limitaciones e impacta la validez de los resultados que se pueden mencionar del experimento. Para este propósito,

101

McEvoy (2001) sugirió que la Teoría de conocimiento de Bohr incluía el siguiente elemento adicional:

> *Tesis de Comunicación de Bohr:* El conocimiento es comunicable de manera no ambigua si y sólo si el sujeto que se está comunicando es fuertemente distinguible del objeto sobre el que se está comunicando y el estatuto del conocimiento sobre el objeto contiene sólo bien definidos conceptos dentro de una estructura conceptual familiar (McEvoy, 2001, p. 180).

McEvoy sumarizó los elementos de la *Teoría de Conocimiento* de Bohr definiendo los lazos que existen entre:

1. Arreglos experimentales complementarios y mutuamente exclusivos

2. La tesis de la descripción y la tesis de la observación, como se describen anteriormente

3. La distinción sujeto/objeto y la tesis de Comunicación

4. El lenguaje y las formas de percepción incluyendo la estructura conceptual (McEvoy, 2001, p. 181)

Capítulo 4. Evolución de la Complementariedad de Bohr

Dualidad Onda ~ Partícula

La historia de la ciencia indica que Bohr presentó por primera vez su concepto de Complementariedad en la conferencia Volta que se llevó a cabo en Como, Italia, en Septiembre de 1927. Sin embargo, es importante clarificar que, al analizar el discurso de Bohr detalladamente, encontramos claramente que, si bien se puede identificar como la primera vez que Bohr da cuenta de la Complementariedad, su idea de Complementariedad siendo aplicada a la teoría atómica no estaba todavía completamente desarrollada (De Gregorio, 2008. P. 2). El momento de la conferencia Volta, la aplicación del concepto por Bohr era estrictamente definida a la relación entre espacio~tiempo y la causalidad (Katsumori, 2011, pp. 15-16), pero, como Plotnisky (2013) lo ha indicado, el contenido del mensaje de la conferencia, al igual que las siguientes conferencias y publicaciones, presentaba muchas complicaciones que llevaron hasta un considerable debate (p. 42). Durante la quinta Conferencia de Solvay, llevada a cabo en Bruselas en Octubre de 1927, Bohr presentó una version actualizada de su concepto de Complementariedad, seguido en 1928 de actualizaciones y mejoras adicionales que fueron publicadas en *Naturwissenschaften* y *Nature* (De Gregorio, 2008, p. 2). La publicación oficial del tema como fue discutido en la conferencia Volta en Como apareció en 1928 bajo el título *El Postulado Cuántico y el reciente desarrollo de la Teoría Atómica*; e incluía varias actualizaciones no cubiertas durante la plática original (Plotniski, 2013, p. 42). Más tarde, Bohr hizo una publicación adicional, incorporando aun más actualizaciones a su concepto de Complementariedad, titulada *El Quantum de Acción y la Descripción de la Naturaleza*; Esta tenía más detalles de los aspectos filosóficos de la Teoría Cuántica. Como Bohr mismo dijo acerca de esta publicación:

> El escritor ha intentado mostrar que las dificultades concernientes a nuestras formas de percepción, las cuales aparecen en la teoría atómica debido a la indivisibilidad del quantum de acción, se puede considerar como un recordatorio instructivo de las condiciones que se encuentran en la creación de los conceptos del hombre. La imposibilidad de distinguir en nuestra forma acostumbrada entre los fenómenos físicos y su observación nos coloca, ciertamente, en una posición muy similar a aquello que es tan familiar en la Psicología cuando estamos continuamente siendo recordados de la dificultad de distinguir entre sujeto y objeto (Bohr, 1934, p.15).

Demostrando las complicaciones acerca del enfoque del mensaje de Bohr en Como, Beller (1999) indica que:

La descripción usual de la Conferencia de Como identifica el anuncio de la dualidad onda~partícula como el mensaje principal de Bohr en su presentación inicial de Complementariedad...... Significativamente, la Conferencia y diálogo muestran que el mensaje central del escrito de Bohr no era la resolución de la dualidad onda~partícula a través del principio de Complementariedad pero más bien es una defensa extensa de sus concepto de estados estacionarios y cambios de energía discontinuos, o "saltos cuánticos" (pp. 117-118).

Ella concluyó que. "La Complementariedad entre espacio~tiempo y la causalidad es un concepto sombrilla impreciso que le permitió a Bohr manejar localmente con temas de interpretación mientras que reforzaba su concepto inicial de estados estacionarios y saltos de energía discontinuos" (Beller, 1999, p. 118).

Aun si Bohr en su primer mensaje formal de Complementariedad era impreciso y confuso, esto marcó un punto clave en la transición hacia el nuevo paradigma de la Física Moderna. También incluyo varios de los ingredientes claves de la epistemología subsecuente de Bohr como es descrito anteriormente. Bohr iba a hacer uso consistente de estos términos y conceptos, como es indicado por Plotnisky (2013) a través de su trabajo sobre Complementariedad, de tal manera que "en una renunciación con respecto a la Coordinación causal espacio~tiempo de los procesos atómicos, la ambigüedad de la definición de las variables al nivel cuántico, o el concepto de distinguirlo claramente" (p. 57).

Un reciente estudio llevado a cabo por DeGregorio (2008) indica que el mensaje dado por Bohr en la conferencia Volta de Como fue muy corto, muy probablemente durando sólo 20 minutos. Por lo que no es sorpresa que sólo contenía ideas embrionarias sobre los conceptos de la Complementariedad en la Teoría Cuántica, ya que el mensaje era difícil de impartir y fue recibido de manera fría por la audiencia (pp. 2-7). De Gregorio describe un punto muy importante en su publicación indicando que, dado que la platica de Bohr en la conferencia Volta de Como todavía no era un trabajo completo, "las circunstancias en las cuales Bohr mejoró, la presentación de sus ideas debe de ser clarificada" (DeGregorio, 2008, p.11). Es importante entender con quién Bohr interactuó durante este período, cuando se encontraba preparando su presentación para la conferencia Volta e inmediatamente después de la conferencia, cuando empezó a trabajar en las mejoras que más tarde presentó en Bruselas en Octubre.

Beller (1999) refuerza este punto de vista diciendo:

Una perspectiva de diálogo nos permite descifrar la filosofía de Bohr en general y el significado de la presentación original de Bohr sobre el principio de

106

Complementariedad en particular. Sin identificar a los interlocutores de cada frase de la conferencia de Como, es imposible entender el significado de las frases y la conexión entre ellas. Pero cuando nos damos cuenta que el texto está lleno de argumentos implícitos de los físicos líderes de esa época – Einstein, Heisenberg, Schrödinger, Compton, Born, Dirac, Pauli, Campbell – se levanta la niebla y la presentación de Bohr se vuelve clara (Beller, 1999, pp. 119-120).

Para agregar más detalles a la evidencia relacionada con quién Bohr interactuó para poder expandir su concepto de Complementariedad. De Gregorio (2008) observa que Bohr pasó una semana completa en Como con Wolfgang Pauli inmediatamente después de la conferencia de Volta, en lugar de regresar de inmediato a Copenhague. Durante este tiempo, Bohr también mantuvo conversaciones con el Físico Inglés C. G. Darwin. De Gregorio menciona que estos intercambios con Pauli "han sido un reconocido estímulo para Bohr" y

> Es muy claro que, dado el real, mínimo contenido de la plática de Bohr en Como...las conversaciones con Pauli – quién fue en realidad el primero en definir la dualidad onda~partícula en una publicación – pudieron en realidad hacer una contribución fundamental a la apariencia de la presentación final de Bohr sobre los estados complementarios de la naturaleza (De Gregorio, 2008, p. 11).

El 11 de Octubre de 1927, Bohr envió un nuevo manuscrito a la revista alemana *Naturwissenschaften* para

107

publicación, basada en la información de la conferencia de Como pero con adiciones después de sus conversaciones con Pauli y Darwin. Él también envió un escrito a *Nature*, con el título *El Postulado Cuántico y el reciente desarrollo de la Teoría Atómica*, el cual fue publicado en 1928, presentando una más completa visión de la Complementariedad (De Gregorio, 2008, pp. 15-17).

En conclusión, DeGregorio cita a Mehra y Rechenberg anotando que

> Uno no debe de disminuir mucho el rol de las influencias externas de Bohr en su concepción de la Complementariedad. En cualquier caso, la investigación detallada de los eventos que llevaron a Bohr desde la mitad de 1925 en adelante hasta la formulación final de la Complementariedad a finales de 1927 o principios de 1928 revela una muy compleja interrelación de ideas y resultados (De Gregorio, 2008, p. 20).

De la previa evidencia, debe quedar claro que las influencias externas en los puntos de vista de Bohr incluyen sus conexiones con la Psicología a través de Høffding y Rubin, con quién siguió reuniéndose regularmente durante este período, al igual que con Físicos como Wolfgang Pauli, quién jugó un papel clave en el trabajo de Bohr sobre la Complementariedad después de su primera publicación. En la siguiente sección tendremos una discusión detallada sobre

Pauli y su específica contribución a la Mecánica Cuántica y al concepto de Complementariedad.

WOLFGANG PAULI

Wolfgang Pauli nació el 25 de Abril de 1900, en Viena, Austria. De descendencia Judía, fue de cualquier manera educado católico. Su más fuerte influencia filosófica la tuvo de Ernst Mach, quién era un amigo cercano de su padre y quien fue el padrino de Pauli al tiempo de su bautismo. El pensamiento independiente de Mach, escepticismo incorruptible, y el rechazo de asumir pensamientos metafísicos jugaron un papel importante en el desarrollo de la actitud de Pauli hacia la ciencia (Lindorff, 2004, 00. 2-9).

Pauli estudió Física en la Universidad de Munich bajo Arnold Sommerfeld, quien fue uno de los pioneros en el campo de Física Cuántica. A la edad de 18, Pauli había escrito una publicación muy completa sobre la Relatividad, clarificando algunos de los puntos principales de Einstein y extendiendo el concepto para incluir la electricidad; más tarde, en 1921, Sommerfeld invitó a Pauli a escribir un artículo sobre el mismo tema que sería después publicado en la *Enciclopedia de Ciencias Matemáticas*. Ésta se convirtió en una de las publicaciones de mayor influencia sobre la Relatividad y fue reconocido por el mismo Einstein, quien dijo que, "nadie que estudie este maduro y grandemente concebido trabajo pensaría que era la obra de una persona de 21 años " (Miller, 2009, pp. 24-27).

Como colaborador cercano de Niels Bohr, Pauli fue uno de los Físicos clave en el desarrollo de la Mecánica Cuántica. De acuerdo con Gieser (2005), "era en sus diálogos con Pauli que Bohr desarrolló sus ideas sobre Complementariedad (en relación al espacio~tiempo y causalidad) de tal manera que se incluyera la dualidad entre la onda y la partícula" (P. 69). Pauli fue uno de los Físicos más respetados de su época, y era visto como "la última autoridad y Juez cuando la exactitud de una hipótesis estaba siendo analizada. La aprobación de Pauli era algo que todos querían antes de publicar sus teorías, resultados o hipótesis" (Gieser, 2005, pp.72-73). En el proceso de la introducción de un nuevo paradigma de Mecánica Cuántica, Pauli siempre recibía el respeto de Niels Bohr y Albert Einstein, quiénes fueron reconocidos por su rivalidad filosófica. Su más grande contribución a la Física Cuántica, aun más que su Principio de Exclusión, que fue eventualmente la razón por la que le fue otorgado el Premio Nobel en Física, fue al nivel epistemológico. El interés de Pauli en la Epistemología parece haber tenido su origen en su contacto con Mach (Gieser, 2005, p. 73), pero también, de acuerdo con Gieser (2005), "tenía una apreciación por la visión pragmática de William James sobre la ciencia: una teoría física es una ayuda

110

en encontrar nuestro camino en nuestro mundo experiencial; no es una reconstrucción de la realidad. El único requerimiento esencial de una teoría es que esta funcione y que sea útil para nosotros" (p. 50).

Pauli perteneció al equipo que desarrollo la Interpretación de Copenhague de la Mecánica Cuántica, colaboró muy de cerca con Bohr en el desarrollo del principio de Complementariedad, y permaneció siempre como un soporte y a la vez extendió el concepto. Atmanspacher y Primas (2006) citan a Pauli en lo siguiente:

> Si..... el uso de un concepto causal, excluye el uso de *otro*, nosotros llamamos a ambos conceptos (por ejemplo el momento y las coordenadas de una partícula) *complementarios* (uno con el otro) siguiendo a Bohr. Podemos llamar a la Teoría Cuántica moderna "La Teoría de la Complementariedad; (En analogía con la terminología de la "Teoría de la Relatividad") (Atmanspacher y Primas, 2006, p.14).

La interpretación de Copenhague de la Física Cuántica, como es establecida principalmente por Bohr, Pauli, y Heisenberg, proveen unas visión unificada que incluye los siguientes elementos:

1. El Principio de Incertidumbre, como fue definido por Heisenberg en 1926, determina que no es posible predecir la trayectoria de una partícula, ya que la posición y el momento de la partícula no

pueden ser determinados al mismo tiempo. Una medición precisa de uno de los componentes elimina la posibilidad de medir el otro componente con exactitud,

2. No es posible separar el experimento en los componentes del aparato de medición y el objeto que se está midiendo, sin generar una influencia sobre el experimento. Cada experimento, o actividad de medición, tiene la característica de un Todo indivisible.

3. Las imágenes visuales y complementarias de la onda y la partícula son siempre descripciones necesarias, pero estas son abstracciones e idealizaciones de los fenómenos. El lenguaje clásico describe sólo los objetos fenomenológicos, pero es imposible usar lenguaje clásico para describir una realidad independiente del observador.

4. Onda y partícula proveen una descripción simbólica, no una que es independiente realidad física. Esta representación simbólica permite dos descripciones, de observaciones diferentes y mutuamente exclusivas, que resultan en información complementaria sobre el mismo fenómeno atómico. Esta descripción simbólica no puede ser traducida a términos clásicos de imágenes de la vida diaria.

5. Los conceptos clásicos y la comunicación no-ambigua de las conclusiones experimentales proveen la objetividad requerida (Gieser, 2005, p. 70).

En este resumen de la Interpretación de Copenhague, encontramos todos los elementos clave de la *Teoría de Conocimiento de Bohr*, como se mostró anteriormente, incluyendo los arreglos experimentales complementarios y mutuamente exclusivos, la distinción sujeto/objeto, la tesis de la comunicación, y el lenguaje y las formas de percepción, al igual que la necesidad de usar términos clásicos y no-ambiguos en la comunicación. Como escribió Gieser, "esto significaba una redefinición del criterio de la ciencia. Estos tres puntos – observación e interacción, objetividad y comunicación no-ambigua y el conocimiento como el método de sumarizar nuestra experiencia – todos muestran un movimiento hacia el observador, el rol del ser humano en la ciencia" (Gieser, 2005, p. 71).

Pauli al igual que Bohr, fue etiquetado varias veces de ser positivista, algunas veces empiricista o fenomenalista, pero él nunca aceptó ninguna de estas etiquetas. Es posible, sin embargo, razonable considerar que Pauli tenía una actitud fenomenológica como uno de sus principales métodos, que incluía el mantener un sentimiento físico, enfoque matemático, y pensamiento complementario. "Él observó la posición fenomenológica como algo que nos obligue a observar el fenómeno tal como este se revela, sin tomar refugio en modelos ya hechos, opiniones preconcebidas o prejuicios" (Gieser, 2005, p. 78).

Gieser describe cómo Pauli mismo consideraba su "estrella guía" en su actividad científica como algo que él llamaba un sentimiento físico y sensibilidad (*physikalisches Gefühl*). Este sentimiento físico es algo que no es codificable en las definiciones lógicas o conceptuales" (Gieser, 2005, p. 88). Esta característica, que hacía a Pauli diferente de la mayoría de los demás Físicos de su época, fue clave en su colaboración con Bohr y más tarde con Jung en el campo de la Psicología. Como un ejemplo de su visión de la ciencia, Gieser presenta una parte de una carta de Pauli a Schrödinger, escrita en 1955:

> Al juzgar una teoría física, su estructura lógica y matemática es (al menos) tan importante como lo es su relación al conocimiento empírico (para mí, particularmente este último es más importante).

> Si yo reflexiono en dónde una teoría necesita mejora, yo nunca empiezo por considerar el método de medición, sino veo las conclusiones de la teoría donde las matemáticas *no son correctas* (tal como el infinito o la divergencia). Naturalmente, "nuestro objetivo son las leyes generales" (con esto yo estoy 100% de acuerdo).

> Que a pesar de estas tesis yo llegue a un juicio diferente de la Física Cuántica que el tuyo es tal vez difícil para ti de comprender. Quizá esto es al final debido a mi diferente visión de *la posición del hombre* (ejemplo: en Física: el observador) *en la naturaleza*" (Géiser, 2005, p.88).

Otro elemento clave en el método utilizado por Pauli hacia la ciencia era la simetría, ya que él continuamente buscaba posiciones de simetría "entre los datos empíricos y las matemáticas, la teoría y los experimentos, el fenomenalismo y el realismo, lo interno y lo externo (observador y observado), religión y ciencia" (Géiser, 2005, p. 89). Una vez más aquí podemos ver una característica de Pauli, que le permita colaborar de manera natural con Bohr en desarrollar el concepto de Complementariedad, y después conectarse y colaborar fuera del campo de la Física, durante el período que trabajó con Jung.

Refinamiento de la Complementariedad de Bohr – debate del EPR

La idea inicial de Bohr sobre la Complementariedad, como fue presentada entre 1927 y 1928 proponía una revisión de nuestro entendimiento de la relación entre la realidad física y los conceptos utilizados por la ciencia para describirlos (Folse, 1945, p. 14). Einstein reconocía esta revisión aun más claramente que el mismo Bohr, pero él se mantuvo en desacuerdo total con esto, resultando en un debate entre los dos científicos que duró aproximadamente 30 años. El mayor beneficio obtenido por este debate fue que Bohr fue capaz de refinar su concepto de Complementariedad desde sus ideas originales, por lo que estos años de desacuerdo fueron de gran importancia en la total evolución de la Complementariedad.

Inmediatamente después de la conferencia de 1927, Einstein inició un desacuerdo en contra de la Complementariedad de Bohr presentando una serie de experimentos mentales (*Gedanken-Experiment*), tratando de encontrar una manera de hallar un camino alrededor del Principio de Incertidumbre de Heisenberg y reteniendo la descripción clásica de los sistemas atómicos (Folse, 1945, p. 143). Bohr fue capaz de demostrar una y otra vez la validez de la Mecánica Cuántica y de la Complementariedad.

Einstein señaló el punto principal del debate con la publicación del documento conocido como Einstein-Podolski-Rosen (EPR) en 1935. El título de la publicación era *¿Puede la descripción de la Mecánica Cuántica sobre la realidad física ser considerada completa?* La publicación presentaba el argumento de que algunos elementos de la realidad no pueden ser descritos por la Mecánica Cuántica, formulando el criterio: "Si, sin ninguna manera de perturbar un sistema, podemos predecir con certeza (o sea con probabilidad igual a 1) el valor de la cantidad física, entonces existe un elemento de realidad física que corresponde a la cantidad física" (Katsumori, 2011, p.25). Los principales elementos del argumento son los conceptos de "perturbación" y de "interacción"; La respuesta inmediata de Bohr fue basada en la indicación de que " existe

116

una interacción entre el agente de observación y el objeto (una interacción que no puede ser negada) aun si la acción es a distancia (Saunders, 2004, p. 429).

Folse cita a Bohr directamente:

..... ahora vemos que las palabras del criterio mencionado anteriormente de la realidad física propuesta por Einstein, Podolski y Rosen, contienen una ambigüedad con respecto al significado de la expresión "sin de ninguna manera perturbar al sistema." Por supuesto no existe, en un caso como el que se está considerando, ninguna duda sobre una perturbación mecánica del sistema bajo investigación durante la ultima etapa crítica del procedimiento de medición. Pero aún en esta etapa existe esencialmente la pregunta de *una influencia sobre las condiciones que definen los posibles tipos de predicciones con relación al comportamiento futuro del sistema.* Ya que estas condiciones constituyen un elemento inherente de la descripción de cualquier fenómeno al cual el término "realidad física" se le puede aplicar propiamente, vemos que el argumento de los autores mencionados anteriormente no justifica su conclusión de que la descripción de la Mecánica Cuántica esté incompleta (Folse, 1945, p. 150).

Esta descripción sobresimplifica el debate entre Einstein y Bohr sobre si la Mecánica Cuántica se encontraba completa, pero además provee una clara idea de la base de sus diferencias. La ventaja de Bohr era, como se describió anteriormente, que durante este debate él fue capaz de refinar su concepto de Complementariedad y elevarlo hasta un mayor nivel.

Durante este período de debate con Einstein, Bohr también pasó tiempo discutiendo su concepto actual de Complementariedad con miembros clave del Círculo de Viena, tales como Neurath y Carnap, con algo de intermediación de Rubin. Estos diálogos permitieron a Bohr evolucionar más sus conceptos, lo que resulta en la publicación en 1936 de una actualizada respuesta al argumento EPR de Einstein titulada *Complementariedad y Causalidad*. Los cambios de Bohr a su previa visión de la Complementariedad incluían un rechazo a las nociones metafísicas de la realidad y tomaban una "forma más lingüística" en la expresión de la Complementariedad en línea con la visión positivista mantenida por el Círculo de Viena (Manninen y Stadler, 2010, p. 40).

Plotnisky (2013) cita a Bohr con su nueva visión lingüística de la Complementariedad de la siguiente manera:

La situación completa en la Física Atómica *elimina todo el significado de tales atributos inherentes como la idealización de la Física Clásica que se proporciona al objeto...* La renunciación del ideal de la causalidad en la Física Atómica que se nos ha impuesto está fundada lógicamente sólo *en nuestro no estar ya más en una posición para hablar del comportamiento autónomo de un objeto físico,* debido a la inevitable interacción entre

118

el objeto y los instrumentos de medición la cual en principio no puede ser tomada en cuenta, si estos instrumentos de acuerdo a su propósito pudieran permitir el uso no-ambiguo de los conceptos necesarios para la descripción de la experiencia. Como último recurso una palabra artificial como "Complementariedad" la cual no pertenece a nuestros conceptos diarios serviría sólo brevemente para recordarnos sobre la situación epistemológica que se encuentra aquí, la cual al menos en Física es una condición completamente nueva (Plotniski, 2013, pp. 142-143).

También en 1938, Bohr presentó una visión adicional de la Complementariedad al describir la relación que ocurre entre piezas de información separadas:

La información relacionada con el comportamiento de un objeto atómico obtenida bajo una condición experimental definida puede.....ser caracterizada adecuadamente como complementaria a cualquier información del mismo objeto obtenida por cualquier otro arreglo experimental excluyendo el cumplimiento de las primeras condiciones (Folse, 1945, p. 160).

El concepto presentado aquí por Bohr es de particular importancia, ya que da validez a cada experimento particular, en relación con su propio método de preparación y no los polariza como que estén bien o mal, sino bien con respecto a las condiciones de cada experimento. Esto provee una nueva manera de abordar la realidad que tiene aplicación en todas las dimensiones del conocimiento humano.

Capítulo 5. C. G. Jung y W. Pauli- La Complementariedad regresa a la Psicología, el problema Mente~Materia

Durante una gran parte de su vida, Pauli mantuvo un gran interés en el problema de la mente y la materia, particularmente desde un punto de vista Jungiano. Él combinó las observaciones tanto físicas como psicológicas para imaginarse una realidad que no podía ser accesible directamente, sino que necesitaba el uso de símbolos, como la siguiente reflexion lo indica:

> Para la realidad invisible, de la cual tenemos pequeñas piezas de evidencia tanto en la Física Cuántica y en la psicología del inconsciente, un lenguaje unitario psico-físico y simbólico debe de ser finalmente el adecuado, y es este el objetivo lejano al cual yo realmente aspiro. Yo tengo confianza de que el objetivo final es el mismo, independiente de si uno inicia del psique (ideas) o del *fisis* (materia). Por lo tanto, yo considero la vieja distinción entre el materialismo y el idealismo como obsoleta (Atmanspacher y Primas, 2006, p. 17).

Como podemos ver, Pauli usó conceptos psicológicos y filosóficos en sus escritos, lo cual no era común para un Físico. Esto muestra la gran influencia e interés en la Psicología que él recibió de Jung. Pauli siempre insistió en mantener el rigor científico y los altos estándares de la Física, y él era muy critico de sus compañeros cuando estos presentaban trabajo por debajo de los estándares. El mismo Heisenberg era conocido por nunca publicar un papel sin primero haber recibido la aprobación de Pauli (Jung y Pauli, 1950, p. vi).

El asistente de Pauli, Víctor Weisskopf explicaba:

> Todos los discípulos de Pauli desarrollaban un profundo apego personal hacia él, no sólo por las muchas ideas que él nos daba, sino debido, fundamentalmente, a sus grandes cualidades humanas. Es cierto que algunas veces era algo difícil, pero todos nosotros sentíamos que nos hacía ver nuestras debilidades…… La dureza ocasional y altamente publicitada era una expresión de su descontento con medias-verdades y pensamientos incompletos, pero nunca se hacían para ser dirigidos a una persona en particular, Pauli era un hombre excesivamente honesto; tenía casi la honestidad de un niño. Lo que decía era siempre su verdadero pensamiento, directamente expresado (Jung y Pauli, 1950, p vi).

Dada su disciplina y rigor en Física, los historiadores encuentran sorprendente que Pauli estuviera dispuesto a considerar las teorías psicológicas de Jung y que eventualmente colaborara con Jung por un período largo de tiempo. La relación entre Jung y Pauli empezó en 1931, cuando Jung arregló para que Pauli fuera tratado por una depresión aguda. Como menciona Gieser, la terapia de Pauli estaba principalmente enfocada en:

Expandir su neurótica y unilateral personalidad intelectual. Una gran parte del trabajo involucraba diferenciar e integrar su ánima…. Cuando Pauli trabajó con esta parte básica de su problema con el ánima, sin embargo, él notó que este conjunto de problemas eroto-sexuales escondían algo mucho más grande - una totalmente diferente manera de ver la realidad (Gieser, 2005, p. 143).

La mayoría del trabajo analítico consistía en Pauli escribiendo y reportando sus sueños, pero Jung no atendió directamente a Pauli, y no se reunió con él para nada durante los primeros ocho meses de su terapia (Gieser, 2005, p. 146). La descripción de Jung sobre Pauli después de su primer encuentro fue la siguiente:

Él es una persona altamente educada con un extraordinario desarrollo del intelecto, lo cual era, por supuesto, el origen de su problema – él era demasiado unilateral hacia lo intelectual y científico. Él tiene una mente de lo más admirable y es famoso por ello. Él no es una persona ordinaria. La razón por la que él me consultó fue porque él se había completamente desintegrado a cuenta de esta situación completamente unilateral (Jung y Pauli, 1950, p. ix).

Jung decidió no atender directamente a Pauli durante la fase inicial, porque él se dio cuenta que Pauli era un hombre con necesidad de ayuda y una "mente llena de material arcaico, y (era mejor) mantener el material libre de la influencia directa del mismo Jung…… porque Pauli necesitaba

123

la conexión de una mujer que le diera soporte, y Jung decidió referirlo a que se tratara con su estudiante Erna Rosenbaum" (Jung y Pauli, 1950, p. x). Durante este trabajo analítico, Pauli escribía y reportaba sus sueños a la Dra. Rosenbaum, quien después los pasaba a Jung. Gieser reporta que un total de 355 sueños de un grupo de mil por un período de diez meses " fueron analizados sin tener ningún contacto con él" (Gieser, 2005, p. 144). Una selección de estos sueños fueron incluidos en las conferencias de Jung sobre las manifestaciones simbólicas del Proceso de Individuación, haciéndose publicas por primera vez en la Conferencia de Eranos en 1935 y después en las Conferencias Terry, presentadas en la Universidad de Yale en 1937. Estas conferencias fueron la base para la publicaciones de Jung tituladas *Psicología y Alquimia* y *Psicología y Religión*. En estas conferencias y publicaciones, la identidad de Pauli nunca fue revelada (Gieser, 2005, p. 145).

Jung conoció a Pauli un año después de que terminó su terapia con la Dra. Erna Rosenbaum. Ellos se escribían con frecuencia, entablando un diálogo filosófico hasta la muerte de Pauli en 1958. En el período de su contacto, ellos fueron capaces de compartir su conocimiento e influenciarse el uno al otro en sus maneras de pensar. Zabriskie, quien hizo la observación de como los escritos de Jung mostraban una gran influencia de la Física, y los escritos de Pauli mostraban un impacto similar de la Psicología, cito a Jung diciendo:

Como el mundo de los fenómenos es un agregado de los procesos de magnitud atómica, es naturalmente de la mayor importancia el encontrar si es que, y aparte como, los fotones (podríamos decir) nos permiten obtener un conocimiento definido de la realidad que se encuentra bajo los procesos de energía meditativos..... luz y materia ambas se comportan como partículas separadas y también como ondas. Esto.... Nos obliga a abandonar, en el plano de magnitudes atómicas, una descripción causal de la naturaleza en el sistema espacio-tiempo ordinario, y en su lugar establecer campos invisibles de probabilidad en espacios multidimensionales (Zabriskie, 1995, p.3)

Y también cito a Pauli diciendo:

La división y reducción de la simetría, esto siendo un pedazo de la fuerza bruta! Lo anterior es un atributo del diablo..... Si sólo los dos divinos contendientes..... Cristo y el diablo – pudieran notar que ellos han crecido mucho simétricamente! (Zabriskie, 1995, p. 3).

Este período principal de interacción filosófica entre Jung y Pauli ocurrió después que Pauli regresó de Princeton a Zurich en 1946 (Atmanspacher, 2012, p. 7) y se enfocó en los problemas de la mente y la materia, manteniendo una posición filosófica la cual Atmanspacher define como un "monismo de aspecto dual". Y consistía en las siguientes cuatro partes:

1. La relación entre el realismo local y el concepto holístico en la Física (Cuántica)
2. La relación entre el Consciente y el Inconsciente en la Psicología de Jung
3. El común, nivel psico-físicamente neutral de tanto lo mental, o plano consciente y lo físico, o plano físico, y
4. La relación entre estos planos como una consecuencia de, o siendo mediado por su plano común (Atmanspacher, 2012, pp. 8-9)

Pauli y Jung ambos pensaban que el rol de la medición como una conexión entre las realidades local y holística en Física era similar a la acción de un sujeto volviéndose conscientemente enterado de elementos mentales locales, " como si fuera, apareciendo del contenido holístico inconsciente en Psicología" (Atmanspacher, 2012, p. 11). En este punto, Jung indicaba:

La aplicación de las leyes estadísticas a los procesos de magnitud atómica en Física tiene una notable correspondencia en Psicología, en cuanto a que la Psicología investiga las bases de la conciencia buscando los procesos conscientes hasta que se convierten ellos mismos en obscuridad y falta de entendimiento, y nada mas puede ser visto que los efectos que tienen una influencia *organizadora* sobre los contenidos de la conciencia (Jung, 1960, p. 229).

Siguiendo este párrafo, Jung cita a Pauli como sigue:

126

En realidad el Físico debería de esperar una correspondencia psicológica en este punto, porque la situación epistemológica con respecto a los conceptos "Consciente" e "Inconsciente" parece ofrecer una analogía cercana a la poco mencionada situación de la "Complementariedad" en la Física. Por una parte el Inconsciente puede sólo ser inferido indirectamente por sus efectos (organizacionales) en el contenido consciente. Por otra parte cada "observación del Inconsciente," o sea cada realización Consciente del contenido del Inconsciente, tiene un efecto reactivo incontrolable sobre este mismo contenido (lo que como sabemos antecede en principio la posibilidad de "presionar" al Inconsciente para hacerlo Consciente)…. Aunque la *posición* del "corte" entre el Consciente y el Inconsciente (al menos hasta cierto punto) se deja al libre albedrío del "experimentador psicológico," la *existencia* de este "corte" permanece siendo una necesidad inevitable. De igual forma, desde el punto de vista del Psicólogo, el "sistema observado" no consistiría únicamente de objetos físicos, sino también incluiría al Inconsciente, mientras que la Conciencia tendría el rol asignado de medio de observación (Jung, 1960, pp. 229-230).

Regresando a la naturaleza simbólica de la realidad del medio que la materia y la mente relacionadas indica Pauli: "Lo que yo tengo en mente con respecto a una nueva idea de la realidad es – en términos provisionales – *la idea de la realidad del símbolo.* Por una parte, un símbolo es un producto de un esfuerzo humano, por otra parte, el símbolo indica un orden objetivo en el cosmos del cual los humanos son sólo una parte" (Atmanspacher y Primas, 2006, p. 11). El concepto del símbolo usado aquí por Pauli sigue la forma que Jung define los símbolos como Arquetipos:

> Los Arquetipos son los elementos numinosos, estructurales del psique y poseen una cierta autonomía y energía específicas que les permite atraer, fuera de la mente consciente, esos contenidos que más le sirven a sí mismos. Los símbolos actúan como transformadores, siendo su función el convertir el libido de una forma "baja" a una forma más "alta". (Jung, 1956, p. 232).

O como Von Franz (1974) indicó, "siempre que una mente humana se encuentra ante algo desconocido, inventa sus propios modelos simbólicos, dibujando sobre un proceso pre-consciente de proyección" (p. 15). La influencia organizadora mencionada anteriormente por Pauli se lleva a cabo, de acuerdo con Jung, a través de los Arquetipos:

> Los Arquetipos, hasta donde podemos observarlos y experenciarlos, se manifiestan a sí mismos a través de su capacidad de *organizar* imágenes e ideas, y esto es siempre un proceso inconsciente que no puede ser detectado hasta que ha pasado. Asimilando material ideal cuyo origen en el mundo de los fenómenos no se puede negar, este material se vuelve visible como psíquico (Jung, 1960, p. 231).

Como los más importantes Arquetipos en la Psicología de Jung se encuentran la Sombra, y el complejo del Anima/ Animus, y más fundamentalmente el del Ser, que expresa el objetivo del Proceso de Individuación, y el Número, que expresa los principios cualitativos, como la Unidad, la Dualidad, la Trinidad, etc. (Atmanspacher, 2012, p. 14). El dominio neutral psicofísico o dominio del medio, el cual se refiere a "algo óntico detrás de la distinción mente~materia" – es un estado holístico de un sistema antes de transformarse a un estado medible – está en línea con el concepto de Jung del *Unus Mundus* (Atmanspacher, 2012, pp. 13-14).

CONEXIÓN DE JUNG CON JAMES

Los historiadores han sugerido que la mayor influencia sobre Jung vino de Freud; sin embargo, varias otras influencias filosóficas importantes ayudaron a formar el pensamiento de Jung. Gieser, por ejemplo, muestra cómo la influencia de William James sobre Jung fue muy extensa, al punto en que James impactó "la visión de Jung sobre la ciencia y la epistemología.....y también James influyó en dos de sus mayores teorías: la teoría de los diferentes tipos psicológicos y la teoría del Inconsciente Colectivo" (Gieser, 2005, p. 113).

Gieser (2005) también observa que "Jung se absorbió en los escritos de James mucho antes de que él tomara un interés en las teorías de Freud" (p. 113). Inclusive, Jung cita dos casos de personalidades múltiples que se encuentran en el libro de William James, *Los Principios de la Psicología*, en su tesis doctoral de 1902 titulada *Sobre la Psicología y la Patología de los llamados Fenómenos Ocultos*. Cuando Jung rompió su relación profesional con Freud, Jung también citó a James para defender sus diferencias de opinion con Freud:

> Ha sido sugerido de manera equivocada que mi actitud significa un "rompimiento" en el movimiento psicoanalítico. Tales cismas pueden sólo existir en temas de la fe. Pero el psicoanálisis está interesado con el conocimiento y sus siempre cambiantes condiciones. Yo he tomado como el principio que me guía la regla Pragmática de William James: Se debe de obtener de cada palabra su valor práctico, estableciéndolo para que trabaje dentro del flujo de tu experiencia. Aparece menos como una solución, entonces, que como un programa que requiere más trabajo, y más particularmente como una indicación de las formas en las cuales las realidades existentes pueden ser cambiadas. Las teorías entonces se convierten en instrumentos, no en respuestas a enigmas, sobre los que podemos apoyarnos. No nos ponemos a descansar en ellos, y, en alguna ocasión, re-hacemos la naturaleza con su ayuda (Gieser, 2005. P. 114).

Zabriskie mostró como Jung

Adoptó la noción de James sobre los campos psíquicos,
y el lenguaje relacionado con la naturaleza
complementaria de las partes que constituyen el
psique .... Él postuló que los sueños y las fantasías
autónomas eran las pretensiones complementarias por
medio de las cuales el psique intenta recuperar o
completar su conocimiento en la búsqueda de un nivel
de conciencia mayor y, en casos de falta de balance, o
daño, el poder restablecer el equilibrio y poder sanar
las divisiones internas (Zabriskie, 1995, p. xxix).

De acuerdo con Gieser (2005), es muy posible que Jung
fue influenciado por James en relación a la visión sobre "la
situación epistemológica en particular de los Psicólogos,
donde la conciencia es tanto el sujeto como el objeto del
análisis" (p. 117). Esta relación entre sujeto y objeto continúa
siendo un factor clave en la descripción de la realidad y del
concepto de Complementariedad, para la Física al igual que
para la Psicología. Jung hizo notar que todo el conocimiento
está construido por hechos psicológicos, con lugares de origen
posiblemente diferentes, ya sea una realidad externa con
orígenes sensoriales o una realidad interna con orígenes en
sueños. Ambas realidades, tanto la interna como la externa son
realidades psíquicas, recibidas y procesadas por el psique.
Jung se alineó con la visión de Kant acerca de que "no
podemos nosotros saber nada acerca del objeto observado por
sí mismo, o de la naturaleza más interna de la realidad. La

131

naturaleza más interna de la realidad es metafísica o transcendental, lo que significa que está más allá de todas nuestras categorías de conocimiento" (Gieser, 2005, pp. 118-119). Jung también hizo la observación de que "es una condición muy notable del estado de las cosas cuando la Psicología se encuentra tratando de reducir el alma a procesos bioquímicos y movimientos de electrones, cuando la Física está tratando de explicar la falta de regularidad en el interior del átomo como un evidencia de la vida espiritual" (Gieser, 2005, p. 119).

Mientras que la mayoría de los Físicos de la época de Jung, e inclusive de hoy en día, no estarían de acuerdo con la observación de que su trabajo cara a cara con el átomo era o es proveer evidencia de una vida espiritual, resulta claro que los Físicos han abordado seriamente el tema de entender el lugar de la mente humana en relación a la materia, al igual que la naturaleza del observador en el proceso cuántico. Estos temas fueron una de las principales razones del porque Pauli y Jung decidieron colaborar y compartir el conocimiento de sus respectivas áreas de trabajo para poder llegar a desarrollar teorías más completas acerca de la relación entre la mente y la materia. M. J. Greenberg, por ejemplo, describió como Pauli estaba interesado en encontrar un método que pudiera combinar el conocimiento de la Física con la Psicología Analítica de Jung, por lo tanto trascender ambos campos de la ciencia (Jung y Pauli, 1950, p. xiii); de manera similar, Pashley (2008) hizo la observación que mientras Jung estaba intentando aumentar el nivel de la Psicología a una Ciencia, ambos "estuvieron de acuerdo en la necesidad de una perspectiva unificada tanto para la Psicología Profunda como para la Física Cuántica que reconociera el rol del observador" (p. 159).

Como se indicó anteriormente, durante el período de la colaboración entre Jung y Pauli, ellos escribieron cartas muy extensas el uno al otro; inclusive, Pauli continuó compartiendo algunos de sus sueños con Jung. En algunos de ellos, Pauli frecuentemente se encontraba con "pares", lo cual lo hizo desarrollar una conexión consciente con el concepto de Complementariedad de Bohr; él estaba convencido de la existencia de principios organizadores en nuestras mentes, o "Arquetipos," que fomentaban las conexiones entre los conceptos mentales y las percepciones sensoriales. Cuando se encontraba estudiando el trabajo de Kepler, Pauli encontró el concepto de los Arquetipos, de la manera que lo encontró en el trabajo de Jung. El escribió que "es sólo un pasaje angosto de la verdad (no importa si es científico u otro tipo de verdad) que pasa entre la *Escila* de una niebla azul de misticismo y el *Caribdis* de un racionalismo estéril (nota: *Escila* y *Caribdis* son dos monstruos marinos que son parte de la mitología griega y se encuentran localizados en lugares opuestos de un canal de agua). Esto estará siempre lleno de baches en los que uno puede caer en ambos lados" (Jung y Pauli, 1950, p. xv). De acuerdo con M.J. Greenberg, Pauli reconoció que el concepto de Complementariedad de Bohr era "un paso importante hacia adelante para lograr una reconciliación entre estos opuestos, como él mismo lo escribió: Sería muy satisfactorio en todo si la Física y el psique pudieran ser vistos como aspectos complementarios de la misma realidad" (Jung y Pauli, 1950, p. xv).

Trabajo de Pauli sobre Kepler

Como ha sido mencionado anteriormente, durante el tiempo de su colaboración, Jung y Pauli frecuentemente aplicaron el concepto de Complementariedad. En los trabajos iniciales de Jung, él identificó aspectos de dicotomía de su perspectiva en Psicología, los cuales ordenó más tarde en relaciones complementarias, las cuales él utilizó al trabajar en su metapsicología (Pashley, 2008, p.8). Por otra parte, Pauli aplicó la Complementariedad en su trabajo sobre Kepler, el cual apareció en la primera publicación que hicieron juntos Jung y Pauli en el libro *La Interpretación de la Naturaleza y el Psique*. Pauli aparentemente se vio interesado en Kepler alrededor de 1938, cuando escribió a su amigo Erich Hecke sobre la idea de Kepler del alma de la tierra, o *anima terrae*, y más tarde en 1940, cuando se encontraba en Princeton, a

134

través de interacciones con el historiador de arte Erwin Panofsky (Gieser, 2005, p. 179).

El principal período del interés de Pauli sobre Kepler ocurrió en 1946, después de que él tuvo un sueño, el cual Pauli reportó a Jung, acerca de un hombre rubio, "un extraño, (quien) le decía que estaba buscando un lenguaje neutral que iba más allá de los términos tales como físico o psíquico" (Jung y Pauli, 1950, p. xviii). Viendo una conexión con Kepler en su sueño, Pauli le reportó a Jung que el sueño fue tan intenso que se despertó llorando. En paralelo al tener este sueño, Pauli había aprendido acerca del Alquimista y Rosacruz Robert Fludd, quién se oponía a los puntos de vista de Kepler. Fludd mantenía que "es de matemáticos vulgares el preocuparse con sombras cuantitativas," mientras que Kepler consideraba a la ciencia objetiva sólo si era capaz de pruebas cuantitativas y matemáticas. Fludd también consideraba al mundo como algo más que sólo un sistema mecánico, sintiendo que el pensamiento científico era una amenaza para el "alma del mundo" (Jung y Pauli, 1950, pp. xviii-xix).

Pauli también vio en su sueño una conexión al problema del ánima de las ciencias – específicamente, como en el siglo XVII algo ocurrió que generó una transición de "la visión mecánica del mundo hermética a la clásica, concerniendo la Exclusión de lo femenino y del alma de la materia" (Gieser, 2005, p. 181). Además, Pauli había leído el trabajo de Fierz sobre Isaac Newton, en el cual Newton es descrito estando en línea con el concepto deista en el cual la doctrina de la Trinidad no es reconocida, lo que significa que Newton no reconocía la naturaleza Divina de Jesucristo.

Basado en sus vistas complementarias derivadas de la Física Cuántica, Pauli compartía cartas con Fierz en 1953, indicando que él era "no sólo Kepler sino también Fludd." Refiriéndose a su publicación sobre el debate de Kepler y Fludd, Pauli demostró el riesgo del pensamiento polarizado, en el cual, después de llevar a cabo el debate, "los contendientes no pueden ni siquiera ponerse de acuerdo a qué llamar luz y a qué llamar obscuridad" (Jung y Pauli, 1950, p. 197). Como una conclusión del debate, Pauli presentó el siguiente resumen:

> Por lo tanto la Física y la Psicología reflejan de nuevo para el hombre moderno el viejo contraste entre lo cuantitativo y lo cualitativo. Desde el tiempo de Kepler y Fludd, sin embargo, la posibilidad de generar un puente entre estos polos antitéticos se ha vuelto menos remota. Por una parte, la idea de la Complementariedad en la Física Moderna nos ha demostrado, en un nuevo tipo de síntesis, que las contradicciones en las aplicaciones de viejas concepciones contrastantes (tal como la onda y la partícula) son sólo aparentes; y por otra parte, el uso de viejas ideas alquímicas en la psicología de Jung apunta hacia una unidad más profunda de los

136

fenómenos psíquicos y físicos. Para nosotros, a diferencia de Kepler y Fludd, el único punto de vista aceptable parece ser el que reconoce ambas partes de la realidad – la cuantitativa y la cualitativa – la física y la psíquica – compatibles entre sí, y que se pueden reconocer simultáneamente (Jung y Pauli, 1950, pp. 207-208).

La descripción de los pensamientos de Pauli muestran su visión complementaria incorporando lo físico y lo psíquico, una visión que fue fuertemente compartida por Jung. Gieser (2005) resume las diferencias entre las filosofías de Kepler y Fludd de la siguiente manera:

1. *Visiones diferentes sobre el valor de los métodos cuantitativos.* Kepler mencionaba que el alma era receptiva emocionalmente a las proporciones divinas de la geometría, mientras que Fludd rechazaba esta idea. Fludd pensaba que lo cuantitativo estaba asociado con la materia y la obscuridad, considerando "el UNO" como divino, con su dualidad representada por el diablo. Fludd diferenciaba las "matemáticas vulgares" de las "matemáticas formales," las cuales él consideraba como la contemplación de las formas puras y unificadas.

2. *Diferentes visiones sobre el lugar del alma.* Para Kepler el alma era parte de la naturaleza, empezando en relación a las proporciones de las ideas geométricas divinas de los Arquetipos. Fludd creía que el alma y la naturaleza eran entidades

137

irreconciliables, que el alma estaba indisolublemente unida con el alma del mundo entero, o *ánima mundi*. Kepler pensaba que el alma tenía una base matemática, mientras que Fludd incluía a las emociones en la descripción del alma.

3. *La relación sujeto/objeto y la visión holística del mundo.* Fludd trató de expresar la unidad entre la percepción interna del observador sobre los procesos naturales y los procesos externos mismos, manteniendo una perspectiva holística en la descripción de la naturaleza. Kepler le daba más peso a las almas individuales de los diferentes objetos.

4. *Trinidad/Cuaternidad.* Kepler basaba su sistema completo en el principio de la Trinidad cómo se encuentra relacionada a la fe Cristiana, mientras que Fludd, siguiendo la tradición alquimista, se enfocaba en el número cuatro. Aquí Pauli aplico la visión de Jung sobre el significado de la Trinidad, en contraste con el número cuatro, el cual para Jung era una expresión del Todo (Gieser, 2005, pp. 182-183).

Para su conferencia de Eranos en 1948, Jung presentó su argumento acerca de que el número cuatro, o la Cuaternidad, representa la totalidad y la orientación, pero que al mismo tiempo, el número cuatro y el número tres, o la Trinidad, con frecuencia aparecen en una relación complementaria entre ellos (Gieser, 2005, p 185).

Como fue descrito anteriormente, Kepler consideraba que la esfera tridimensional era una representación de la belleza, simbolizando la Sagrada Trinidad, teniendo a Dios el Padre en el centro, al Hijo en la circunferencia y al Espíritu Santo irradiando desde el centro de la esfera. El concepto clave que Kepler creía era la relación entre la circunferencia, el radio, y el punto central, "aunque se manifiestan como Tres, en realidad son Uno" (Miller, 2009, p.70). Mientras que la Sagrada Trinidad tiene raíces Cristianas, el concepto de Dios siendo formado por tres elementos es más viejo que la Cristiandad, y es encontrado en la religión Judía. El reverendo C. W. Pauli (1863) notó como, al describir al Dios de Israel, "El padre de Eliezer le dijo: ven y ve el misterio del mundo, Jehovah: hay tres pasos, cada uno existiendo por sí mismo, sin embargo, estos son el Uno, y se encuentran tan unidos que ninguno puede separarse del otro" (p. 13); él luego cita las reflexiones de Nathanael:

> Queda muy claro en mi mente que la unidad de estos tres pasos no pueden significar ciertos atributos de Dios. Cuál de los tres atributos podríamos indicar como los tres pasos? ¿Por qué tres en vez de todos? Un atributo en la cabeza de Dios es tan grande como el otro. Por estos *tres pasos* se debe entender   tres distintos y substantivos elementos en Dios. Esto parece haber sido la doctrina de mis padres, la cual R. Simeon Ben Jochai y otros maestros antiguos han preservado en sus estimados escritos (Pauli, 1863, pp. 13-14).

Como podemos observar, las palabras utilizadas por Kepler, el igual que las palabras encontradas en las antiguas descripciones Judías de la Trinidad, siguen conceptos que se encuentran alineados con la Complementariedad encontrada en los trabajos de James y de Bohr, los cuales se continuaron usando en la colaboración de trabajo de Pauli y Jung. Pauli originalmente estaba de acuerdo con los puntos de vista de Kepler sobre la naturaleza, ya que estos estaban basados en conceptos científicos y racionales. Sin embargo, como se indicó antes, una vez que Pauli aprendió acerca de los detalles que apoyaban los conceptos de Fludd, él concluyó que tanto los puntos de vista de Kepler como los de Fludd son requeridos para tener una respuesta completa. Pauli vio el debate entre Kepler y Fludd como una relación de opuestos, indicando que: "Encontré a Kepler como un trinitario y a Fludd como un cuaternario – y con su polémica, yo sentí un conflicto interno resonar dentro de mí. Yo tengo varias características de ambos") Miller, 2009, p. 88).

Alineado con Pauli, Jung pensaba que la Trinidad era una construcción que formaba imágenes de una realidad expresada en una base racional, excluyendo a lo irracional o a lo inconsciente, de tal manera que el número tres necesitaba un cuarto para poder estar completo. Jung mantenía que la relación entre el número tres y el número cuatro era una "relación de Arquetipos" en la cual el número tres se encontraba relacionado con el tiempo, el espacio y la conciencia, y el número cuatro, al agregar una porción del inconsciente, proveía una completa imagen de la realidad (Gieser, 2005, p. 186).

Otra área del trabajo de Jung relacionada a la definición de lo racional y lo irracional, y una de sus más importantes contribuciones a la Psicología, es su trabajo sobre los diferentes tipos psicológicos. Como lo describe Miller (2009), Jung se encontraba trabajando con la relación de los opuestos en la Psicología Analítica desde 1921 (p. 44). En ese año Jung publicó el libro *Tipos Psicológicos*, en el cual presentó un análisis de la relación entre dos modos opuestos de ser: extrovertido e introvertido. La experiencia de Jung con sus pacientes, combinada con su conocimiento de teología, mitos, y filosofía, le ayudaron a definir su teoría de tipos de personalidad. El modelo propuesto por Jung, que representa un ejemplo más de su método de tratar de definir un entendimiento holístico del psique humano, está en alineamiento cercano con la forma que la Complementariedad maneja las relaciones de las características opuestas en la naturaleza. Sin tener todo el conocimiento que más tarde obtendría con respecto a las relaciones terciarias y cuaternarias, y el Todo que estas representan, Jung propuso la existencia de cuatro tipos básicos de función: pensar, sentir,

sensación e intuición, acomodándolos en una forma
cuaternaria como sigue:

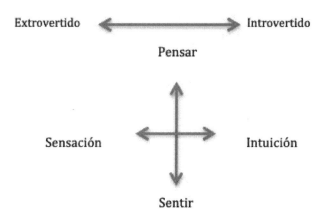

Miller (2009) indica que Jung estaba confundido por
la existencia de los cuatro tipos de funciones, como opuestos a
otro número, tal como el tres, pero él dejó esta situación
pendiente por el momento (p. 44). El modelo de Jung definido
por las cuatro funciones orientadoras es como sigue:

- Pensar - Que nos lleva a conclusiones lógicas
- Sentir - Que establece un criterio subjetivo
  de aceptación o rechazo
- Sensación – Que dirige la atención hacia afuera de sí
  mismo, causado por una percepción a través de los
  órganos sensoriales

- Intuición – Que no parece tener una causa para dirigir nuestra atención pero se comporta, como una inspiración o percepción, (Miller, 2009, pp. 44-45).

Jung agrupó estas cuatro funciones en partes, o tipos de personalidad, con el pensar y el sentir alineados con lo racional y lo lógico, y la intuición y la sensación alineadas con lo irracional. Cada individuo tiene una combinación de todas las funciones, y la personalidad es un resultado de la lucha continua de las cuatro funciones para mantener el equilibrio. Como Miller escribió:

> Cuando una función es particularmente dominante, la función opuesta puede alojarse en el inconsciente y regresar después a su estado inicial arcaico. La energía generada por esta función inferior se drena en el consciente y produce fantasías, algunas veces creando neurosis. Un objetivo de la Psicología Jungiana es el recuperar y desarrollar estas funciones inferiores (Miller, 2009, p.46).

La visión complementaria de esta relación se encuentra en la definición de como estos cuatro elementos son opuestos, y no pueden ser observados al mismo tiempo en el individuo: aun más, todos los cuatro en diferentes niveles de balance se requieren para formar la personalidad del individuo. Estudios posteriores llevados a cabo por Jung en viejos libros sobre Alquimia, le permitieron descubrir la similaridad de este modelo con la forma en que la Alquimia postula la existencia de cuatro elementos de los cuales todo es hecho: tierra, agua, aire, y fuego. El objetivo de la Alquimia era el lograr la unión de los cuatro elementos para producir la quintaesencia de la vida, o la "piedra filosofal" (Miller, 2009, p. 48).

La Complementariedad de Carl Jung – El *Unus Mundus*

Como se menciona anteriormente en este escrito, el concepto básico de Complementariedad está constituido por una relación Booleana, pero puede expandirse para incluir relaciones no-booleanas de diferentes elementos. Al tratar de determinar el estado holístico de un sistema que incluye los dominios mental y material, Pauli y Jung propusieron un "dominio con un antecedente no-booleano desde el cual lo mental y lo material se supone que emergen epistémicamente distinguibles entre sí" (Atmanspacher, 2012, pp. 13-14). Jung le llamó a este dominio el *Unus Mundus*, como él mismo explica:

> Sin duda alguna la idea del *Unus Mundus* está fundada en asumir que la multiplicidad del mundo empírico descansa en una unidad subyacente, y que no existen dos o más mundos fundamentalmente diferentes lado a lado o entrelazados uno con el otro. En vez de esto, todo lo dividido y diferente pertenece a uno y mismo mundo, que no es el mundo del sentido sino un postulado cuya probabilidad está comprobada por la

144

razón de que hasta ahora nadie ha sido capaz de descubrir un mundo en el cual las leyes de la naturaleza sean inválidas (Jung, 1963, pp. 537-538).

Al comparar esta descripción del *Unus Mundus* al concepto de la Complementariedad de Bohr, podemos ver que este último describe una relación en la que la mente y la materia son complementarias una con la otra, formando una estructura no-booleana en línea con la observación de Bohr de los principios del desarrollo de la Mecánica Cuántica, cuando él indicó que:

.... Nosotros debemos recordar que la naturaleza de la conciencia trae consigo una relación complementaria, en todos los dominios del conocimiento, entre el análisis de un concepto y su aplicación inmediata.... En asociar los aspectos de la existencia psíquico y físico, nos encontramos con una relación especial de Complementariedad la cual no es posible entender completamente a través de una aplicación unilateral ya sea de leyes físicas o psicológicas...... Solamente una renunciación a este respecto nos permitirá comprender ..... la armonía que se experimenta como libre albedrío, y analizada en términos de causalidad..... El problema real es: ¿Cómo puede esa parte de la realidad que empieza con la conciencia ser combinada con esas partes que son explicadas en física y en química?..... Aquí tenemos nosotros un caso genuino de Complementariedad (Jahn, 1991, pp. 1-2).

O como indicaba James, debemos reconocer "partes que co-existen pero se ignoran mutuamente una a la otra, y comparten los objetos de conocimiento entre ellas. Aun de manera más notable, estas son *complementarias*" (James, 1890, p. 206).

En *Mysterium Conunctionis*, Jung describe cómo él encontró el concepto del *Unus Mundus* en los trabajos del alquimista renacentista Gerhard Dorn, agregando:

> El día uno es el día en el cual la luz apareció sobre la obscuridad. Cito este pasaje no sólo por esa razón sino como un paralelo a las tres etapas de la conjunción en Dorn, la cual obviamente fue originada en los ejercicios de contemplación espiritual a principios de la Edad Media. El paralelo es claramente discernible: primero el alejarse del mundo de los sentidos, luego enfocarse hacia el mundo interior de la mente y la substancia celestial oculta, la imagen y verdad de Dios, y finalmente la contemplación del *Unus Mundus* transcendental, el mundo potencial fuera del tiempo (Jung, 1963, p. 505).

Al descubrir similaridades entre los campos de la Física y la Psicología en relación al concepto del *Unus Mundus*, y al usar conceptos y lenguaje muy en línea con el concepto de la Complementariedad, Jung escribió:

> La referencia común de la microfísica y la psicología profunda es tanto física como psíquica y por lo tanto ninguno de sus elementos, pero más bien un tercer

146

elemento, de naturaleza neutral que puede a lo mucho ser observado en pequeñas partes ya que en esencia es transcendental. La referencia de nuestro mundo empírico entonces parece ser, en realidad un *Unus Mundus* (Jung, 1963, p. 538).

Atmanspacher y Primas (2006) observaron que " los factores ordenadores de los Arquetipos se asume que operan al nivel más profundo de la simetría unitaria del *Unus Mundus*, incluyendo tanto mente como materia.... Si uno toma la idea de una simetría rompiéndose seriamente de la relación entre mente y materia, el punto de inicio para los avances en su entendimiento tiene que ser la relación entre las partes y los enteros (pp. 18-19). Cuando el *Unus Mundus* se separa, existen correlaciones que emergen de los dominios resultantes; estos son remanentes de la unidad que se pierde. Estas correlaciones, que fueron estudiadas por Jung y Pauli, fueron definidos como eventos "sincronísticos" (Atmanspacher, 2012 p. 15).

El trabajo en colaboración con Pauli fue clave para permitir a Jung definir su concepto de *Unus Mundus* y para llevarlo a la publicación de su libro *Mysterium Conunctionis*. Al menos dos cartas (58P y 62P) escritas por Pauli para Jung cubren discusiones detalladas que soportan como los conceptos fueron definidos.

En su carta a Jung con fecha 27 de Febrero 1953 (Carta número 58P en la compilación de Meier), Pauli describe varios desacuerdos con comentarios de Jung en su libro, *Respuestas a Job*. Él empieza clarificando a Jung que sus comentarios eran en un nivel personal, no necesariamente representando una visión científica, ya que él necesitaba presentar temas derivados de sus emociones y de su inconsciente, incluyendo reacciones al libro que Pauli había experimentado en sus sueños. Él le reportó a Jung un sueño que tuvo durante la noche del 19 de Septiembre de 1952, después de haber leído el libro de Jung:

> Al principio voy viajando en un tren con Mr. Bohr. Luego bajo del tren y me encuentro en un camino campestre donde se encuentran varias villas pequeñas. Después empiezo a buscar una estación de tal manera de que pueda encontrar mi camino de regreso. Pronto encuentro una estación. El nuevo tren viene del lado derecho y parece ser un tren local pequeño. En cuanto subo al tren, de inmediato veo a la "joven obscura" en el compartimiento, rodeada de extraños. Pregunto dónde estoy, y la gente me dice: "La siguiente estación es Esslingen, y ya casi llegamos." Me despierto muy preocupado porque hemos llegado a un lugar tan poco interesante y aburrido (Meier, 2001, p. 85).

En este sueño, Pauli principalmente interpretó la apariencia de la "joven obscura" como su búsqueda del entendimiento de "el lado obscuro," el cual encontró en un

148

lugar remoto, generando su irritación, mientras la apariencia de Bohr representaba la actividad principal de Pauli en la Física Teórica. En la carta a Jung, Pauli le describe la relación directa que él observó entre este sueño y el libro de Jung indicando que "el obscuro para mí ha sido siempre el contrapolo del Protestantismo, la religión del hombre que no tiene representación metafísica de la mujer" (Meier, 2001, p. 85). Pauli continua diciendo:

> El par de opuestos Catolicismo-Protestantismo me ha atormentado por mucho tiempo en mis sueños. Es el conflicto entre una actitud que no acepta, o sólo parcialmente acepta, el "radio," y otra actitud que no acepta al ánima. Este par de opuestos han aparecido repetidamente de diferentes formas, como ejemplo:
>
> > Fludd-Kepler
> > Psicología-Física
> > Sentimiento Intuitivo-Pensamiento Científico
> > Holanda-Italia
> > Misticismo-Ciencia
>
> Son pares opuestos que parecen llamar a resolución por medio de un *coniunctio* (Meier, 2001, pp. 85-86).

Pauli describió cómo la forma del "ser obscuro" ha "repetidamente aparecido en sueños y fantasías como el terciario, por encima y más allá del par de opuestos Católico y Protestante" (Meier, 2001, p. 88). Para él, el "ser obscuro" algunas veces apareció en sueños como una mujer China, la

149

cual él interpretaba como una visión holística que aun no está conectada con su ego racional, indicando:

> Como una figura femenina (el ánima), sin embargo, ella está ligada con el interés emocional, el cual está acompañado por una estimulación de la animación del par de opuestos. Ella ve otras conexiones que aquellas que se observan en el tiempo convencional, sin embargo siempre se aparece frente a mí como una "figura" que tiene la tendencia de reproducirse a sí misma (automorfismo) y de estar en la base de las percepciones de la "Mujer China"... el portador de los "secretos psicofísicos," yendo desde la sexualidad a los fenómenos sutiles de ESP. Yo creo que una animación del par de opuestos se localiza en la base de los fenómenos de ESP (y con la formalidad del I Ching) (Meier, 2001, p. 88).

En la sección III de la larga carta 58P de Pauli hacia Jung, él presentó un detallado análisis de sus reflexiones sobre el *coniunctio*, y la manera en que los conceptos de la *Física* y la Psicología parecían correr en paralelo sobre la posible definición de lo que él llamó "un *coniunctio* más completo" basado en la visión complementaria de la Física y la Psicología:

> No puedo anticipar para el nuevo *coniunctio*, el nuevo *hieros gamos* presentado por esta situación, pero yo de cualquier manera trataré de explicar más claramente a lo que me refiero con la parte final de mi ensayo sobre

Kepler: El tomar firmemente al toro por la cola – esto es, la Física – me provee con grandes formas de ayuda no esperadas, que pueden ser utilizadas con más importantes temas también, "para poder tomar la cabeza del toro mentalmente." En realidad me parece que en la *Complementariedad de la Física,* con su resolución del par de opuestos onda~partícula, existe una especie de ejemplo de ese otro más completo *coniunctio.* Ya que el más pequeño *coniunctio* en el contexto de la física, completamente sin intención por parte de los descubridores, tiene ciertas características que pueden probablemente ser usadas para resolver los otros pares de opuestos listados previamente (Meier, 2001, p. 91).

Aquí, Pauli está ofreciendo la idea de que, mientras que la Complementariedad ha ayudado a resolver el par de opuestos onda~partícula, este es en realidad un pequeño *coniunctio,* pero el mismo concepto puede ser útil para encontrar la solución para el *"coniunctio más completo,"* el cual es el formado por los opuestos mente~materia y espíritu~materia, o sea el *Unus Mundus.* Para dar soporte a este análisis, Pauli presentó la siguiente tabla en la carta:

Física Cuántica	Psicología del proceso de Individuación y el Inconsciente en General
Arreglos experimentales complementarios mutuamente exclusivos para medir la posición y el momento	Pensamiento científico – sentimiento intuitivo
Imposibilidad de dividir el arreglo experimental sin básicamente cambiar el fenómeno	La totalidad del hombre consistente en consciente e inconsciente
Intervención impredecible con cada observación	Cambio en el consciente y el inconsciente cuando se adquiere la conciencia, especialmente en el proceso del *coniunctio*
El resultado de la observación es una actualidad irracional de la ocurrencia única	El resultado del *coniunctio* es el *infans solaris*, o individuación
La nueva teoría es el entendimiento objetivo, racional y por lo tanto simbólico de las posibilidades de las ocurrencias naturales, una estructura lo suficientemente amplia para acomodar la actualidad irracional de la ocurrencia única	El entendimiento objetivo, racional y por lo tanto simbólico de la psicología del proceso de Individuación, suficientemente amplio para acomodar la actualidad irracional del individuo único

Uno de los medios usados para sustentar la teoría es un símbolo matemático abstracto ($\psi/?$) y también figuras complejas (funciones) como funciones de espacio (o aun de mayor variabilidad) y de tiempo	La ayuda y medios de sustentar la teoría es el concepto del Inconsciente. No debe olvidarse que el "Inconsciente" es nuestro signo simbólico para las ocurrencias potenciales en el consciente, no diferente de ($\psi!$)
Las leyes de la naturaleza a ser aplicadas son leyes estadísticas de probabilidad. Un componente esencial del concepto de probabilidad es el elemento de " El Uno y los Muchos"	Hay una generalización de la ley de la naturaleza a través de la idea de una "figura" auto-reproducible en las ocurrencias psíquicas o psicofísicas, también llamada "Arquetipo." La estructura de las ocurrencias que se presentan pueden ser descritas como "automorfismo." Psicológicamente hablando, es el concepto del "atrás" del tiempo
El átomo, consistente de núcleo y de cubierta	La personalidad humana, consistente de "núcleo" (o el Ser) y el "Ego" (Meier, 2001, pp. 89-90

Jung ofrece su respuesta a Pauli en su carta fechada 7 de Marzo de 1953 (Carta 59J de la compilación de Meier). Algunos de los puntos principales de la respuesta de Jung son los siguientes:

- Jung le menciona a Pauli lo mucho que le gusta el punto de que, en su carta, Pauli le da crédito al arquetipo de lo femenino, descubriendo su influencia en la Psicología y en la Física.

- Jung comenta del detalle del sueño de Pauli cuando aparece en el pequeño pueblo de Esslingen, que se encuentra desconectado, insignificante y sin interés. Jung explica como esa es la manera en que el ánima obscura es percibida desde el punto de referencia de la conciencia.

- Jung agrega que, en la visión general, el sueño es presentado a Pauli, el desbalance es sopesado del lado de la conciencia y " el ánima obscura va a encontrarse al pié y en el otro lado de la colina Pfannestiel ..... *animula vagula blandula.*"

- a la lista de los pares de opuestos de Pauli, Jung sugiere agregar Psicología y Filosofía.

- Jung cita: "La unión de opuestos no es sólo un *ejercicio intelectual*; esto es porque los alquimistas decían: *Ars totum requirit hominem!* Ya que sólo por su condición total puede el hombre crear un modelo del entero."

- Jung felicita a Pauli por la compilación de conceptos psicológicos y físicos. Sugiriendo agregar lo siguiente:

La partícula con masa más pequeña consiste en un corpusculo y onda	El Arquetipo (Como elemento de estructura del inconsciente) consiste de una fuerza estática por una parte y un elemento dinámico por otra parte

- Jung entra en la discusión del Arquetipo de la Totalidad, o del Ser, siendo el Uno y los Muchos , εν το παν. Él está de acuerdo con Pauli que "la totalidad del hombre descansa en la posición intermedia, llámese

154

entre el *Mundus Arquetypus*, el cual es real, porque actúa, y el *fisis*, que es tan real también porque también actúa." Jung también indica que ambos opuestos son "justamente diferentes aspectos de el mismo principio, una vez que la posibilidad de establecer proposiciones idénticas o físicamente y psicológicas paralelas se establece."

El 27 de Mayo de 1953, Pauli le escribió otra carta a Jung (carta 62P de la compilación de Meier) en la cual él describe algunos puntos importantes acerca del análisis de los opuestos, indicando la importancia de su experiencia en Complementariedad. Primero, Pauli entra en acuerdo con Jung acerca de cómo era únicamente a través de nuestro estado completo de ser humano es cuando el hombre puede crear un modelo del Todo. El observó que "los productos del inconsciente deben de ser examinados críticamente con relación tanto a sus relaciones objetivas como subjetivas, y el reconocimiento de lo no-psíquico debe de ser mantenido en relación a la persona que se encuentra observando" (Meier, 2001, p. 118), pero luego Pauli expresó su fuerte desacuerdo con la observación de Jung de que el uso de términos físicos y matemáticos por parte de Pauli en sus sueños era algo natural. El señalaba que "los términos físicos y matemáticos son simbólicamente extendidos al inconsciente en general y al psique individual en particular. Yo me alineo con mi visión de que esta es una situación objetiva, aun si es presentada de una forma subjetiva" (Meier, 2001, p. 119).

En su carta a Jung, Pauli describe el debate que era mantenido entre Einstein y Bohr en relación a las contradicciones entre onda y partícula, y como Bohr abordaba la situación con una nueva manera de pensar complementaria, la cual Einstein nunca acepto, continuando con la presentación de "argumentos brillantes representando la tesis de que la nueva teoría debe haber sido corregida de donde se encontraba, *pero que estaba incompleta*" (Meier, 2001, p. 120). En conversaciones con Bohr, Pauli abordó el punto de que la imperfección de la Mecánica Cuántica dentro de la Física, a la que Einstein se refería, era en realidad una imperfección de la Física dentro de la vida. Pauli indicaba:

> Debo de admitir que existía una imperfección o punto incompleto en algún lugar, aun si este se encontraba fuera del campo de la Física, y desde entonces Einstein nunca ha dejado de tratar de traerme a esta manera de pensar.
>
> Hoy yo sé que este es el par de opuestos entre *el estado completo y la objetividad* y que aun con los argumentos de Einstein no es posible tener ambos al mismo tiempo...... Yo no podía negar que *lo que es en principio una manera estadística de describir la naturaleza también requiere un entendimiento complementario del caso individual* (Meier, 2001, p. 121).

Más tarde, en la carta, Pauli describe otro sueño a Jung, el cual ocurrió alrededor de 1934 en el cual Pauli veía a un hombre parecido a Einstein dibujando una figura en el pizarrón. La figura representaba para Pauli una conclusión mayor con respecto a la naturaleza de la realidad, viniendo como una respuesta de su inconsciente:

> Me mostraba la Mecánica Cuántica y la tal llamada Física oficial en general como un sección uni-dimensional de un más significativo mundo bi-dimensional, la segunda dimensión de la cual sólo puede ser el Inconsciente y los Arquetipos. Hoy, en realidad creo que sí es posible para el mismo Arquetipo estar en evidencia tanto en la selección de un arreglo experimental por un observador el mismo tiempo que en el resultado de la medición..... Yo también ahora creo que Einstein estaba jugando el rol de la Sombra pero que el sueño me mostraba como el "Ser" también estaba contenido en la Sombra (Meier, 2001, p. 122).

Como una visión gráfica de su entendimiento de la Física y la Psicología, Pauli desarrolló el siguiente *cuaternio*:

Einstein

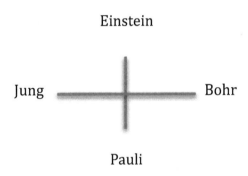

Jung ———————— Bohr

Pauli

Cada individuo representado por su propia actitud mental, con Jung representando el campo de la Psicología Analítica (Meier, 2001, p. 122). Pauli le escribió a Jung:

> Al igual que la *Física busca completar los conceptos, tu Psicología Analítica busca un hogar.* Debido a que no se puede negar que la Psicología, como un hijo ilegítimo del espíritu, nos dirige hacia una existencia especial esotérica más allá de los extremos de lo que es generalmente aceptado por el mundo académico. *Pero esto es como un Arquetipo del coniunctio es constelado.* Cómo y cuando este *coniunctio* es generado no lo sé, pero no tengo ninguna duda de que esto sería lo mejor que le puede pasar tanto a la Física como a la Psicología (Meier, 2001, p. 122).

En una interpretación del *cuaternio* de Pauli, Lindorff (2004) agregó que la enigmática presencia de Einstein en esta relación lo reconocía como "el Padrino de la Complementariedad." Al mismo tiempo, Bohr y Jung representaban un par complementario, indicando la necesidad de que la Física alcance a estar completa al incluir al Inconsciente, mientras que la Psicología requería el logro de obtener un estatus académico similar a aquel de la Física (Lindorff, 2004, p. 157).

En el libro *Recasting reality: Wolfgang Pauli's philosophical ideas and contemporary science* (2009) de Atmanspacher y Primas, Max Velmans describe la conexión entre los conceptos de Complementariedad y el *Unus Mundus*, citando a Pauli como sigue con respecto a los aspectos complementarios de la mente y la materia física:

> Para la realidad invisible de la cual tenemos pequeñas piezas de evidencia tanto en Física Cuántica y en la Psicología del Inconsciente, un lenguaje unitario psicofísico simbólico debe ser adecuado en conclusión, y es este el objetivo lejano al cual yo aspiro. Tengo la confianza suficiente de que el objetivo final es el mismo, independiente de donde uno inicia ya sea del psique (ideas) o de la Física (materia). Por lo tanto, yo considero la vieja distinción entre el materialismo y el idealismo como algo obsoleto (Atmanspacher y Primas, 2009, P. 130).

Además, Velmans discute el concepto de la Complementariedad Psicológica, en la cual Pauli concibe *fisis* y psique como aspectos complementarios de la misma realidad, indicando que la visión de Atmanspacher y Primas implica un monismo ontológico (un *Unus Mundus*) en combinación con un dualismo epistemológico:

> El concepto del *Unus Mundus* nos da un nivel ontológico de descripción sin ninguna separación entre los dominios mental y material, el cual es más fundamental que el nivel descriptivo de los dominios separados. uno puede analizar la transición desde el nivel fundamental hasta aquello con la mente y la materia separados en términos de origen, si uno piensa en esto como un inicio de la distinción de la mente y la materia (en lugar de pensar en el inicio de la mente y la materia) (Atmanspacher y Primas, 2009, p. 130).

En el siguiente capítulo del libro , analizaremos las visiones de la Complementariedad de Velmans en más detalle, ya que estas representan algunas de las tendencias actuales en el campo de investigación de la Conciencia.

SINCRONICIDAD

Como fue mencionado anteriormente, cuando todo lo entero del *Unus Mundus* se separa hay correlaciones que salen a la superficie desde lo que queda resultante. Jung había

160

estado interesado en el estudio de este fenómeno desde la mitad de los años veinte. El describe cómo llegó hasta la pregunta cuando se encontraba investigando el fenómeno del Inconsciente Colectivo y seguía encontrando evidencias de conexiones que no se podía explicar como simple coincidencia. Jung encontró muchos casos de "coincidencias" significativas que eran improbables. Él ya sabía que los Arquetipos eran los elementos formales que organizaban los procesos psíquicos del Inconsciente, y que estos arquetipos tenían una "carga específica" que "desarrollaba efectos numinosos los cuales se expresaban así mismos como fenómenos de influencia (Jung, 1960, pp. 436-437). Jung definía *Sincronicidad* como "la ocurrencia simultánea de un cierto estado psíquico con uno o más eventos externos los cuales aparecen como paralelos significativos para el estado subjetivo momentáneo – y en ciertos casos, lo contrario" (Jung, 1960, p. 441).

De acuerdo con Von Franz:

> Un evento sincronístico puede, por ejemplo, consistir ya sea en algo que es visto por anticipado en un sueño, ejemplo: escenas internas percibidas físicamente las cuales en el mundo exterior toman lugar algún tiempo después (sólo raramente precisamente simultáneas); o de varios eventos del mundo externo y del mundo interno que se encuentran conectados a través de su significado o coinciden de una manera improbable (Von Franz, 1988, p. 204).

Entre 1949 y 1951, Pauli y Jung colaboraron para analizar el fenómeno de la Sincronicidad, el cual fue el principal elemento de su libro publicado en 1952. La definición que ellos dieron para la *Sincronicidad* fue la siguiente:

> Dos o más eventos que parecen accidentales, pero que no son necesariamente simultáneos son llamados sincronísticos si las siguientes tres condiciones se satisfacen:
>
> 1. Cada par de eventos sincronísticos incluye un componente internamente concebido y un componente externamente concebido.
> 2. Cualquier presunción de una relación causal entre los eventos es absurda o inconcebible
> 3. Los eventos corresponden uno el otro por un significado común, frecuentemente expresado simbólicamente (Atmanspacher, 2012, pp. 15-16).

Usando su experiencia en Física, Pauli comparaba a la Sincronicidad con la radioactividad, ya que "al igual que el gas radioactivo se extiende en el ambiente y rápidamente se disuelve, eso ocurre también cuando la Sincronicidad cambia el área que la rodea según la transforma de una condición psíquica inestable a una condición estable, el inconsciente regresando al equilibrio según la Sincronicidad se desvanece de la conciencia" (Lindorff, 2004, p. 102). Pauli prefería usar el

162

término "correspondencias significantes," porque el término Sincronicidad puede implicar eventos que están sincronizados temporalmente, lo cual no es el caso ya que estos eventos no parecen trabajar en la estructura clásica del espacio~tiempo. Cuando Jung y Pauli trataron de analizar el fenómeno como una posible Complementariedad de teoremas de límites estadísticos y eventos sincronísticos singulares, encontraron que el fenómeno sincronístico no podía ser corroborado estadísticamente, como Pauli indicó:

> ..... los fenómenos sincronísticos..... eluden ser capturados en las "leyes" naturales ya que no son reproducibles, es decir, son únicos y se esfuman dentro de las estadísticas de los números grandes. En contraste, las "casualidades" en Física son precisamente descritas por las leyes estadísticas (de los números grandes) (Atmanspacher, 2012, p. 16).

Como se mencionó en la sección anterior, el concepto de Jung de la Sincronicidad como un par de eventos que ocurren en los espacios mentales y materiales, los cuales se encuentran bajo un significado común, se encontraba alineado con la simetría rota del *Unus Mundus*. Como es indicado por Atmanspacher y Primas, " la correlación sincronística entre los eventos puede ser considerada como una indicación retrospectiva, como si fuera un remanente, de la unidad de la realidad arquetípica del *Unus Mundus* del cual emerge" (Atmanspacher y Primas, 2006. p. 20).

A través del análisis de eventos sincronísticos como parte de los estudios de Jung sobre el inconsciente, él encontró un alineamiento directo de la relación de la mente y la materia con el concepto de Complementariedad de Bohr, como se indica enseguida:

> Tan pronto como un contenido psíquico cruza la línea de la conciencia, el fenómeno marginal sincronístico desaparece, tiempo y espacio continuan con su flujo acostumbrado, y la conciencia vuelve a estar de nuevo aislada en su subjetividad. Tenemos aquí uno de esos casos que puede ser más fácilmente entendido en los términos de la idea de Complementariedad del Físico. Cuando un contenido inconsciente pasa hacia la conciencia su manifestación sincronística deja de existir; de igual manera, los fenómenos sincronísticos pueden ser evocados llevando el sujeto aun estado de inconsciencia (trance). La misma relación de Complementariedad puede ser observada igual de fácil en esos casos médicos extremadamente comunes en los cuales ciertos síntomas desaparecen cuando los contenidos inconscientes correspondientes desaparecen y se hacen conscientes (Jung, 1960, pp. 231-232).

La correspondencia entre Pauli y Jung también generó muchos detalles valiosos para analizar de cómo ellos colaboraron en su trabajo sobre Sincronicidad. El 22 de Junio de 1949, Jung escribió a Pauli (carta 36J de la compilación de Meier) para pedirle retroalimentacion de su manuscrito sobre

Sincronicidad, mencionando que "hoy en día, los Físicos son los únicos científicos que están poniendo atención seria a tales ideas" (Meier, 2001, p. 36). En realidad, sólo unos pocos Físicos hubieran querido involucrarse en tal tipo de trabajo. Pauli siendo uno de esas raras excepciones.

Como era usual, Pauli respondió en largo detalle en su carta a Jung del 28 de Junio de 1949 (Carta 37P). Pauli le mencionó a Jung el detalle de que el concepto de coincidencias significativas había sido descrito previamente por Schopenhauer como parte de su ensayo, *Sobre el aparente diseño en el destino del Individuo*, en el cual Schopenhauer discutía una:

> última unión de la necesidad y el azar, la cual aparece ante nosotros como una "fuerza," la cual conecta todas las cosas, aun esas cosas que están causalmente desconectadas, y lo hace de tal manera que se conectan justo al momento correcto (Meier, 2001, p. 37).

Pauli sugirió que Jung debería de hacer referencia a este ensayo de Schopenhauer en sus publicaciones y le describía la similaridad entre el fenómeno de radioactividad y la sincronicidad indicando que

> "una substancia radioactiva se ha producido" o "hay radioactividad" puede traducirse al lenguaje de la razón como sigue: "un estado de consciencia ha sido producido, o está simplemente presente lo cual es acompañado por las multiples manifestaciones del

165

factor ordenador en eventos significativamente relacionados (usualmente simultáneos)" (Meier, 2001, p. 40).

Pauli mencionaba que el lenguaje usado para estas descripciones era un lenguaje de parábolas; por lo tanto

> La razón, por fuerza de trabajo dedicado, debía traducirse en un lenguaje que adecuadamente llenase sus requerimientos con respecto a la distinción entre lo "físico" y lo "psíquico". Este lenguaje neutral no existe todavía, pero uno puede intentar el tener progreso en la dirección de su elaboración por medio de un análisis cuidadoso de analogías, tales como las diferencias en lo que es indicado por las mismas palabras en el lenguaje de las parábolas (Meier, 2001, p.40).

El lenguaje insinuado aquí por Pauli es el lenguaje de la Complementariedad, el cual presenta la característica "neutral" requerida para abordar las relaciones entre los pares de opuestos.

En esta carta, Pauli también describe la similaridad entre el concepto de radioactividad y el concepto de la producción de la tintura roja usada por los alquimistas, presentando las siguientes analogías:

1. Similar a la radioactividad, la cual contamina un laboratorio entero si se escapa de su contenedor, el

fenómeno sincronístico tiene una tendencia a expandirse por la conciencia de varios individuos.

2. La radioactividad consiste en la transición del núcleo atómico de la substancia desde un estado inicial inestable hasta un estado final estable, después de la cual la radiactividad se detiene. El fenómeno sincronístico, en una fundación arquetípica, incluye la transición de un estado inestable de conciencia aun estado estable de conciencia que se encuentra en balance con el inconsciente.

3. El tiempo cuando los átomos *individuales* se desintegran para generar radioactividad no está determinado por las *leyes de la naturaleza*. Ni es este tiempo independiente de su observación. El proceso de observación del átomo individual *"lo libera de la situación – (es decir, conexión significativa con los otros átomos)* y en su lugar lo liga (en significado) con el observador y *su* tiempo (Meier, 2001, p. 41).

Las leyes de la naturaleza mencionadas aquí por Pauli corresponden a las leyes clásicas, ya que la Mecánica Cuántica provee una descripción del comportamiento en la escala atómica.

Capítulo 6. Jung y Pauli sobre la Alquimia

En el último capítulo del libro *Mysterium Coniunctionis* de Jung, titulado *La Conjuncion*, Jung describe el punto de vista de los alquimistas sobre la unión de los opuestos, identificando el *coniunctio* como la idea central en el proceso alquímico, en el cual la unión de substancias al final lograrían el objetivo de convertirse en oro o algún equivalente simbólico. Jung indicaba:

> Las substancias que buscaban combinar en realidad siempre tenían – a cuenta de su naturaleza desconocida – una calidad numinosa la cual tendía hacia una personificación fantasmal. Estas eran substancias las cuales, como organismos vivos, "se fertilizaban la una a la otra y de ahí se producía el ser vivo buscado por los Filósofos." Las substancias parecían ser hermafroditas, y la *conjuncion* que buscaban era una operación filosófica, llámese la unión de la forma y la materia. Esta dualidad inherente explica las duplicidades que ocurren tan frecuentemente, como por ejemplo, dos azufres, dos azogues. *Venus alba et rubea, aurum nostrum* and *aurum vulgi* (Jung, 1963, p. 458).

Como el axioma central de la alquimia, Jung repetía las palabras de María Profetisa: "Uno se convierte en dos, dos se convierte en tres, y del tercero viene el Uno, como el

168

cuarto" (Jung, 1968, p. 23). Esto nos lleva de regreso a la simbología y a la relación entre los números uno y cuatro, como se describe anteriormente. Jung después continua con una descripción que combina una visión Cristiana de la Trinidad con algunos de los conceptos psicológicos de la conciencia, usando el lenguaje de la Complementariedad, de la siguiente manera:

> En ciertas religiones pre Cristianas la diferenciación del principio masculino ha tomado la forma de la especificación padre-hijo, un cambio que iba a suceder de la mayor importancia para la Cristiandad. Si fuera el inconsciente meramente complementario, este cambio de conciencia hubiera sido acompañado por la producción de una madre y una hija, para lo cual el material necesario se encontraba listo y a la mano en el mito de Demeterio y Persépone. Pero, como lo muestra la Alquimia, el Inconsciente escogió en su lugar el modelo de Cibeles-Atis en la forma de la *prima materia* y el *filius macrocosmi*, por lo tanto demostrando que no es una relación Complementaria sino Compensatoria. Esto va para demostrar que el Inconsciente no simplemente actúa de manera *contraria* a la mente consciente sino la modifica más de la manera de un oponente o de un compañero. El modelo del hijo no muestra una hija como imagen Complementaria, desde las profundidades del Inconsciente "subterráneo" – llama a otro hijo (Jung, 1968, p. 24).

Con esta descripción, Jung estaba haciendo varias indicaciones importantes. Primero, la relación de la Trinidad no incluía todos los opuestos ya que no incluía el elemento femenino (hija o madre); por lo tanto, no era una relación Complementaria, sino una relación Compensatoria. De manera similar, Jung indica que la relación Consciente-Inconsciente no se comportaba como Complementaria, ya que era mayormente la relación de oponente o compañero, pero con algunas partes faltantes. Un modelo más completo o complementario debería de incluir otros elementos, tales como la Sombra y el Inconsciente Colectivo, algo más cercano al concepto del *Unus Mundus*.

Jung debatió los modelos de la triada o de la cuaternidad en la Alquimia, y como de la referencia filosófica el número tres mostraba una "deficiencia sistemática en la conciencia," indicando que

El número tres no es una expresión natural del Todo, ya que el número cuatro representa el número mínimo de determinantes en el juicio de un Todo. De cualquier manera debe de aclararse que de lado a lado con los distintos aprendizajes de la Alquimia (y del Inconsciente) hacia la cuaternidad siempre existe una vacilación entre el tres y el cuatro que aparece una y otra vez. Aun en el Axioma de María Profetisa la cuaternidad es minimizada y está descrita. En la Alquimia, existen tres y también cuatro "regiminia" o procedimientos, tres y también cuatro colores.

Siempre existen cuatro elementos, pero frecuentemente tres de ellos son agrupados, con el número cuatro colocado en una posición especial – algunas veces tierra, algunas veces fuego (Jung, 1968, p. 26).

El análisis de Jung de la Totalidad y el simbolismo y características de los números tres y cuatro desde el punto de vista de la Alquimia y de la Psicología Profunda continuaron siendo importantes en su colaboración con Pauli, convirtiéndose en una parte clave del trabajo de Pauli sobre el modelo cuántico del átomo. El enfoque de Jung sobre este sujeto se convirtió en el análisis del problema de opuestos arquetípicos en la Alquimia, conocido como la Boda Alquímica, mientras que el enfoque de Pauli en este tema se volvió evidente en su trabajo del Principio de Exclusión.

LA BODA ALQUÍMICA - UNA VISIÓN COMPLEMENTARIA DEL PROBLEMA DE LOS OPUESTOS

En su libro, *Psicología y Alquimia*, Jung describe el problema de los opuestos arquetípicos en Alquimia como uno de los elementos más críticos del trabajo alquímico. Jung observo:

He aquí los supremos opuestos, masculino y femenino (Como en el *yin* y *yang* Chino), que son fundidos en una unidad purificada de toda oposición y por lo tanto

171

incorruptible. El pre-requisito para esto, por supuesto, es que el elemento resultante no debe identificarse a sí mismo con las figuras en el trabajo pero debe dejarlas en su estado impersonal y objetivo (Jung, 1968, p. 37).

Jung reconoció el fuerte alineamiento que su Psicología del Inconsciente tenía con el trabajo histórico de la Alquimia. Él se enfocó en la visión Hermética de la Alquimia, como es descrito por Miller:

> La visión Hermética era que después de la caída de la humanidad se había dividido en dos estados, el masculino y el femenino. La Boda Alquímica regresa al hombre a su estado Adámico original – a ser Adán – por lo tanto reconciliando las fuerzas opuestas y creando la más alta sabiduría, la cual es la piedra filosofal. La Boda Alquímica libera al alma del mundo – el alma del mundo entero – la cual ha estado adormecida hasta esta reconciliación y la cual une las almas de los individuos y también de los planetas, los cuales son entidades vivientes y no únicamente materia (Miller, 2009, p. 49).

Como se mencionó anteriormente, Pauli se había intrigado por el trabajo de Robert Fludd en Alquimia, lo cual lo hizo enfocarse en estudiar los conceptos de la Alquimia Hermética, contrastante con las visiones de la Alquimia sobre-espirituales, Cristianas y Neo-platónicas las cuales le daban una connotación negativa al cuerpo humano, a lo femenino, a la materia. Pauli pensaba que el objetivo del hombre moderno

172

no debería de ser unilateral, ni debía de tratar de evitar los elementos opuestos en la vida. "El hombre moderno debe en cambio tratar de crear un equilibrio entre los pares de opuestos: espiritual/material, psíquico/físico, bueno/malo, luz/obscuridad y así sucesivamente" (Gieser, 2005, pp. 236-237).

En una carta escrita a su asistente Markus Fierz en enero de 1953, Pauli observaba:

Yo aprecio la ausencia de esta tendencia discordante en Fludd. Su objetivo es el *coniunctio* de luz y obscuridad; *no la espiritualizacion de la materia, pero el "sol-hijo" en el medio*. Esto es Alquimia en su máxima expresión (Roth, 2011, p.1186).

La Alquimia Hermética consideraba a la materia como teniendo el mismo valor que el espíritu; el objetivo del *opus* era la "Boda Química" o *coniunctio*, como lo describe Jung:

Otra diferencia importante se encuentra en el punto que el *opus* Hermético se caracteriza por una transmutación (*Wandlung*) que se simboliza por el *filius philosophorum*, el bebé divino, como resultado de la Boda Química. Este bebé también se encuentra representado por el *lapis*, y porque es el resultado de la relación sexual entre un dios y una diosa es andrógeno, es hermafrodita, es "yin-yang" como el Tao (Roth, 2011, p. 1283).

Pauli sumariza la visión de Fludd del Universo como sigue:

Los dos principios polares fundamentales del Universo están formados como el principio de la luz, viniendo de arriba, y de la materia como el principio obscuro, que viene de bajo la tierra. Todos los seres, desde los ángeles hasta los minerales son diferenciados únicamente de acuerdo con su mayor o menor contenido de luz...... Después de que se retira el principio formal de la luz, la materia queda atrás como el principio obscuro, aunque estaba presente de manera latente antes como parte de Dios. En medio, la esfera del sol, donde estos principios opuestos se contra-balancean el uno y el otro, se encuentran engendrados en el misterio de la boda química el *infans solaris*, que es al mismo tiempo el alma del mundo liberada (Jung y Pauli, 1950, pp. 192-193).

El interés de Pauli en los puntos de vista de Fludd incluían la consideración de que el par de opuestos espíritu~materia era simétrico; él pensaba que el pensamiento Alquímico Hermético tenía las mismas raíces arquetípicas que la Física Cuántica, especialmente en relación a la dualidad onda~partícula definida por el Principio de Complementariedad de Bohr (Roth, 2011, pp. 1334-1335). El punto medio, donde los opuestos se contra-balancean el uno al otro, descrito por Fludd como "la esfera del sol," era un mundo intermedio donde la materia ya no era materia y el espíritu ya no era espíritu (Roth, 2011, p 1343), o, en los términos

174

filosóficos de Bohr, donde estaba presente la Complementariedad del Universo.

De acuerdo con la Interpretación de Copenhague de la Física Cuántica. Roth hace notar que el mundo intermedio

..... es un plano sutil, en el cual la separación Cartesiana entre un mundo externo material (el *res extensa*) y un mundo interno de la mente/espíritu (el *res cogitans*) no existe todavía...... Este mundo intermedio es el *Unus Mundus* del alquimista Gerardus Dorneus, el cual Pauli definió en un lenguaje científico como *la realidad unificada psico-física* (Roth, 2011, p. 1352).

Pauli notó que el concepto de una realidad unificada psico-física era uno de los objetivos de la Alquimia, uno que se alineaba con su propio interés de proveer una fundación científica formal para la conexión de los elementos físicos y psíquicos. Él reflexionó en la necesidad de un lenguaje neutral, válido para ambos psique y materia, el cual llamó el lenguaje de la naturaleza (Gieser, 2005, p. 207). Dos cartas de Pauli muestran su interés en este tema. La primera está dirigida a Marie-Louise von Franz el 16 de octubre de 1951 donde Pauli menciona:

Para expresarse en un lenguaje *neutral*, la importancia de la Alquimia parece ser la experiencia de la unidad, la cual está relacionada con el par de opuestos físico~psíquico, y que incluye también la esfera emocional y es una experiencia numinosa y religiosa al mismo tiempo. En un lenguaje religioso uno podría decir, que *el camino del alquimista hacia el Uno* (o hacia Dios) *empieza con un descenso hacia el mundo material*

175

(*Körperwelt*), *por lo tanto es el mundo físico que lleva finalmente hacia el "objetivo" religioso* (Roth, 2011, p. 1403).

Roth (2011) cita una segunda carta, dirigida a un físico cuántico no mencionado, en la cual

Pauli ahora rechaza el Neoplatonismo por completo y acepta sólo la filosofía Hermética como la base de la Alquimia, por ejemplo su concepto simétrico del par espíritu~materia. El llega hasta esta conclusión sobre la base de los conceptos simétricos de la Interpretación de Copenhague (Niels Bohr) de la Física Cuántica, o sea con base en la Complementariedad (Roth, 2011, p. 1431).

Capítulo 7. La Conjetura Pauli-Jung

El Principio de Exclusión de Pauli

A Wolfgang Pauli le fue otorgado el Premio Nobel de Física por su trabajo sobre el Principio de Exclusión. Con este trabajo él fue capaz de hacer evolucionar la visión del modelo atómico de Bohr al agregarle lo que es llamado el cuarto número cuántico. Pauli introdujo este concepto en 1925, antes de iniciar su contacto con Carl G. Jung.

El Principio de Exclusión es una parte fundamental de la Mecánica Cuántica, cuya descripción permite la explicación de fenómenos tales como el nivel macrocósmico de estrellas y galaxias, al igual que la constitución microcósmica de las partículas sub-atómicas tales como el quark. El principio establece que no puede haber en la naturaleza dos electrones, o dos protones, o dos quarks de color, en el mismo estado dinámico, lo cual provee la naturaleza matemática de los estados cuánticos permitida para los fermiones. La anterior Teoría Cuántica a ese tiempo, como fue desarrollada por Bohr y Sommerfeld, indicaba que cada electrón en el átomo estaba caracterizado por un grupo de números cuánticos, describiendo el estado de energía n, el momento angular l, y la orientación $m1$. El efecto Zeeman encontró varias anomalías con este modelo, y por varios años Bohr, Heisenberg, Pauli y

177

otros trataron de resolver este problema. La propuesta de Pauli fue agregar un cuarto número atómico, conocido como el momento angular intrínseco del electrón, o spin *s*. Este principio fue un método empírico para el problema del cual Pauli admitía que "nosotros no podemos dar una fundación más cercana a esta regla, y aun así se presenta a sí misma de una manera muy natural" (Greenberg y otros, 2009, pp. 220-222).

Gieser (2005) explica cómo el Principio de Exclusión se basó en el problema de la transición de tres a cuatro: "A los tres existentes estados electrónicos se le agregó un cuarto elemento de spin. La introducción de este cuarto número fue la parte más difícil de la formulación del principio" (p. 191). Gieser cita a Pauli como sigue:

> Mi camino hacia el Principio de Exclusión tiene que ver con la difícil transición del tres al cuatro, es decir con la necesidad de agregar al electrón un cuarto grado de libertad (rápidamente explicado como el "spin") más allá de los tres números translacionales. Para llevarme a reconocer, en contra de todas las explicaciones ingenuas, que el cuarto número es una propiedad de uno y el mismo electrón (agregado a los tres conocidos números cuánticos designados hasta ahora...) esto fue en realidad la situación principal (Gieser, 2005, p. 191).

Al encontrar la solución al modelo atómico proponiendo el brinco de tres a cuatro, Pauli parece haber tocado la idea arquetípica de la Totalidad representada por la cuaternidad, como se define en los puntos de vista de la Alquimia Hermética. El uso un camino paralelo al que seguiría después cuando trabajo con Jung en las ideas de la Trinidad y la evolución hacia el concepto del *Unus Mundus*.

Las partículas sub-atómicas del átomo parecen ser arquetípicamente gobernadas por un grupo de principios intrínsecos de números cuánticos que determinan la estructura del átomo. Esta definición de la estructura atómica parece tener Fuertes lazos con la alquimia, ya que el Principio de Exclusión ofrece la base de la estructura de la tabla periódica de los elementos. La tabla periódica se convierte en una referencia de estructuras arquetípicas y formas en el mundo físico, mientras el Principio de Exclusión involucra un grupo significativo de principios aplicables para determinar la conexión psique~materia y el concepto de los Arquetipos (Holder, 2007, p. 18).

LA CONJETURA PAULI-JUNG

Tomado en cuenta como un resumen de este capítulo llevaremos a cabo una discusión sobre la *Conjetura Pauli-Jung*, la cual es un reciente análisis propuesto por Atmanspacher, Primas y Fuchs, con base en la extensa colaboración de Pauli y Jung que se enfoca principalmente en el monismo de aspecto dual (Atmanspacher, 2012, p. 2). La interacción Jung-Pauli entre 1932 y 1958 es de gran interés como un ejemplo de la colaboración a través de las diferentes disciplinas, ejemplificando tanto sus virtudes como sus problemas de comunicación. Es significante en su sugerencia de que los elementos mental y material forman una relación Complementaria, como lo describe Pauli:

> El problema general de la relación entre psique y *fisis*, entre dentro y fuera, puede difícilmente reconocerse como ya resuelta por el término "paralelismo psico-físico" desarrollado en el Siglo XIX. Aun así, quizá la ciencia moderna nos ha llevado más cerca de una concepción más satisfactoria de esta relación, como se ha establecido la noción de Complementariedad en Física. Sería más satisfactorio si el *fisis* y el psique pudieran ser concebidos como aspectos Complementarios de la misma realidad (Atmanspacher y Fuchs, 2014, p. 4).

Los siguientes puntos son un resumen de las principales áreas de enfoque de Pauli fuera de la Física Cuántica, como lo indica la correspondencia con sus colegas, la mayoría de la cual está aún siendo re-descubierta hoy en día:

- Las descripciones de *Complementariedad* y de relaciones no-booleanas, como se observa en el trabajo de Pauli sobre simetrías, no sólo son aplicables a la Física Cuántica, sino también a otros campos, como ha sido el caso con la Psicología y las Ciencias Cognitivas.

180

- El proceso de *pensamiento creativo*, aún no completamente entendido, no puede reducirse a un simple grupo de operaciones racionales o representado por elementos puramente empíricos. Las actividades inconscientes parecen tomar parte en este proceso y requieren de una investigación continua.

- El problema psico-físico de la relación de los aspectos mental y material parece requerir más que métodos dualísticos o materialistas para lograr una solución. La Conjetura Pauli-Jung propone un método viable para la explicación de este problema.

- La noción de *tiempo*, y la diferencia entre *tiempo físico no tensionado* y *tiempo mental tensionado,* incluyendo el concepto de lo nuevo, son de importancia y también requieren de más estudios.

- La visión de que la mutación genética basada únicamente de manera ciega en el azar es demasiado reducida y también es relevante aquí. La *herencia epigenética* es un campo que requiere más estudio (Atmanspacher y primas, 2006, pp. 32-33).

Como un ejemplo adicional de la influencia de las ideas de Jung sobre Pauli, Seager (2009) presenta las siguientes ideas, las cuales Pauli consideraba parte del proceso de pensamiento creativo:

Los Arquetipos proveen una fuente creativa de bloques de construcción fundamentales que están fuertemente aterrizados en la mente inconsciente. Pauli los describe como siendo (1) Enteramente no-cuantificables, (2) Completamente misteriosos en su

181

origen, y (3) con la posibilidad de que estén esencialmente ligados a varios fenómenos paranormales o parapsicológicos (p. 89).

Atmanspacher y Fuchs (2014) definen algunos de los puntos específicos de la *Conjetura Pauli-Jung*:

- No es únicamente una conjetura filosófica, sino también metafísica, ya que cubre detalles que son normalmente considerados no accesibles empíricamente. Las reflexiones de Jung y Pauli inician de un entero psico-físicamente neutral, definido por Jung como el *Unus Mundus*, desde donde lo mental y lo físico emergen.

- El observador desconectado, como es definido por la Física Clásica es remplazado por un "observador participativo," como es requerido por la Física Cuántica. Una medición cuántica no sólo provee una lectura de un valor sino también introduce un cambio (generalmente incontrolable) en el estado del sistema que está siendo observado.

- Lo causal es remplazado por el significado como la herramienta interpretativa central, como fue postulado por Pauli: "un tercer tipo de ley de la naturaleza consistente en correcciones a las fluctuaciones del azar debidas a coincidencias significativas o con un propósito o eventos causalmente desconectados." Esto es lo que Jung y Pauli describieron como Sincronicidad.

182

- Los arquetipos que son parte de la relación de la mente y la material son representados por una dimension simbólica (Atmanspacher y Fuchs, 2014, pp. 3-6).

La *Conjetura Pauli-Jung* describe lo que Pauli definió como la unificación psico-física, la cual considera a la ciencia futura como teniendo una visión enfocada en la Complementariedad en que "la realidad básica no es ni psíquica ni física sino algo que tiene algo de ambos y que no tiene nada de ambos" (Atmanspacher y Primas, 2006, p. 17). El Físico Markus Fierz, asistente de Pauli, provee una descripción del concepto de la unificación psico-física como parte de una conferencia llevada a cabo en Eranos en 1948, bajo el título *Zur physikalischen Erkenntnis*, o sea *Sobre la Epistemología de la Física*. Los principales puntos de esta conferencia fueron los siguientes:

- La visión de la Física Clásica estaba basada en la estricta separación del sujeto siendo observado y la naturaleza objetiva de lo observado.

- Esta clara separación mantuvo a la Física alejada de ser capaz de explicar el fenómeno humano tal como la conciencia y la cognición.

- La Mecánica Cuántica no está sujeta a la ley de causa y efecto ni a otras leyes de la Física Clásica.

183

- El lenguaje de la descripción científica son las matemáticas, un lenguaje simbólico. La Mecánica Cuántica dio a conocer la naturaleza simbólica de la Física.

- Las matemáticas pueden ser consideradas el principal elemento de la racionalidad, pero algunos conceptos matemáticos van mas allá de la lógica pura, por ejemplo, los números integrales tienen algunas características cualitativas, tales como el número tres y el número cuatro.

- El mundo interno, espiritual, de los sentimientos, sueños, y otros fenómenos relacionados con la conciencia son irreproducibles y escapan el método científico, lo cual requiere fenómenos reproducibles en su análisis.

- El método científico condena a los científicos a perderse la mitad del mundo en el que vivimos.

- La manera de estudiar lo interno, irracional, del mundo de la conciencia humana no era la Física, sino la Psicología.

- La Física y la Psicología son Complementarias, por lo que en el futuro estas pueden ser combinadas en una "representación del mundo unificada, simbólica y altamente abstracta" (Atmanspacher y Fuchs, 2014, pp. 64-65).

Fierz continuó su conferencia de Eranos con la siguiente reflexión:

La Física y la Psicología parecen ser visiones Complementarias del mundo, cada una correspondiendo a una distinta actitud de la conciencia (*Einstellung des Bewusstseins*). Los aspectos del mundo observados con la ayuda de la Física y de la Psicología son imágenes del mismo mundo, el cual no puede ser unido de una manera intuitiva y accesible. Esto puede ser únicamente hacerse posible bajo la estructura de una representación simbólica, la cual puede, para estar seguros, tener un carácter altamente abstracto. Este puede ser comprensible únicamente a los científicamente educados, y en comparación con la nueva ciencia, la Física Teórica aparecería como un elemento introductorio y simple. Lo que esta ciencia, que nos lleva hasta una explicación del mundo completa y simbólica, parece, que acerca de eso, debe de decirse, que no tenemos ni la menor idea (Atmanspacher y Fuchs, 2014, p. 67).

En resumen, la *Conjetura Pauli-Jung* es un trabajo en proceso, que continúa teniendo nuevos elementos agregándose aún hoy en día en campos tales como las Ciencias Cognitivas, Biología Molecular, y otros. Como es mencionado por Atmanspacher y Fuchs (2014), " Para una futura, más refinada versión de la *Conjetura Pauli-Jung* visualizamos una metafísica que distintivamente reconoce observadores participativos y comprometidos – (como es mencionado por Bohr) – siendo tanto espectadores como actores en el gran drama de la existencia (p. 6).

CAPÍTULO 8. COMPLEMENTARIEDAD MÁS ALLÁ DE LA FÍSICA CUÁNTICA, LA INFLUENCIA DE LA COMPLEMENTARIEDAD SOBRE LA BIOLOGÍA MOLECULAR

Para el fin de la Segunda Guerra Mundial, la física atómica ya era un campo bien establecido, y el enfoque de la mayoría de los físicos ya no era el expandir los aspectos filosóficos de la Física Cuántica, pero el poder lograr más progreso teórico y práctico en la nueva Física. Bohr, sin embargo, continuo trabajando y escribiendo acerca de la Complementariedad, ya que él siempre había envisionado el uso de la Complementariedad en otros campos de la ciencia. Él estaba convencido que la estructura epistemológica definida por la Complementariedad podía ser usada para revisar y entender la descripción de la naturaleza, particularmente en los campos de Biología, Psicología, y Antropología (Folse, 1945, pp. 169-169).

El principal argumento de Bohr era que las ciencias tendrían que revisar las descripciones de los fenómenos que requieren la interacción de observadores y mediciones, a una escala donde los efectos cuánticos influencien el comportamiento de los sistemas (tal como puede ser el caso de la Biología Molecular), pero también donde los efectos cuánticos pudieran ser considerablemente negligibles. Él pensaba que la Física Moderna sería capaz de definir la "unidad de conocimiento" con la ayuda de una filosofía de

186

conocimiento empírico basada en la Complementariedad (Folse, 1945, p. 170). Para 1960, en el campo de la Biología, Bohr se había dado cuenta de la enorme complejidad de los organismos y entidades vivas, incluyendo los elementos de propósito y de auto-preservación, y el entender esto lo llevó a escribir:

> Aun y cuando nos encontramos aquí preocupados con las relaciones típicas de Complementariedad con respecto al uso adecuado de la terminología, debe de reforzarse que el argumento difiere en aspectos esenciales de aquellos que conciernen a la descripción objetiva y físicamente exhaustiva de la Física Cuántica. En realidad, la distinción demandada por esta descripción entre el aparato de medición y el objeto bajo investigación, lo cual implica una Exclusión mutua de la estricta aplicación de la Coordinación de las leyes del espacio~tiempo y de energía~momentum en la cuenta de los procesos atómicos individuales, ya de por sí es …… tomada en cuenta en el uso de la cinética química y de la termodinámica. El método de Complementariedad en Biología es ciertamente requerido por las potencialidades de los organismos vivos prácticamente interminables mostradas por la inmensa complejidad de estas estructuras y funciones (McEvoy, 2001, pp. 318-319).

La visión de Bohr sobre la conexión de la Complementariedad con la Psicología fue evidente inmediatamente después de la Conferencia de Como en 1927. Como se indicó anteriormente, Bohr fue fuertemente influenciado por las ideas de Psicólogos tales como William James y Harald Høffding desde sus tempranos años de estudiante; por lo tanto, para el tiempo en que Bohr publicó su concepto de Complementariedad, él construyó una analogía entre la "unidad de Conciencia" y las consecuencias físicas del quantum de acción." El uso el término "emoción" cuando hablaba acerca del sentimiento inmediatamente subjetivo de la libertad, y el término "voluntad" cuando se habla de lo que está "objetivamente siendo descrito como un acto voluntario" (Folse, 1945, p. 179).

Folse (1945) proporcionó un resumen de las ideas principales de Bohr en relación a la aplicación de la Complementariedad en la Psicología de la siguiente manera:

1. Lo que ha sido descrito como problema relacionado a la naturaleza de la realidad es entendido de manera diferente en el contexto de un aspecto relacionado a la experiencia; o la realidad y la experiencia no están necesariamente en línea una con la otra.

2. Se requieren dos métodos de descripción. En uno de ellos el objeto interactúa directamente con el sujeto, o el observador, y en el otro el objeto se encuentra aislado del observador. Este segúndo método es requerido para poder ser capaz de describir el objeto de una manera no-ambigua.

3. Las descripciones no-ambiguas necesitan distinguirse entre el objeto siendo observado y el

188

observador. Para evitar ambigüedad la descripción de un fenómeno debe especificar cómo se logró obtener esta distinción. Si esta distinción no es explícita, entonces hay un cambio implícito en la separación entre sujeto y objeto.

4. Las ambigüedades en la observación generan problemas metafísicos relacionados con la naturaleza de la realidad los cuales son eliminados una vez que se implementa un análisis complementarístico. Los problemas con el dualismo de onda~partícula o de libre albedrío~determinismo no son conflictos metafísicos de la naturaleza de la realidad, son confusiones creadas cuando no se es tomado en cuenta que hay dos descripciones diferentes de un fenómeno complementario el cual sólo de manera unida provee la descripción no-ambigua del fenómeno.

5. El mejor entendimiento de la naturaleza logrado por el uso del sistema de referencia de la Complementariedad no se obtiene por el uso de mejores formas de descripción de la experiencia, pero entendiendo las condiciones requeridas para obtener la aplicación no-ambigua de los conceptos descriptivos (Folse, 1945, pp. 182-183).

En su fase más reciente, la filosofía de la Complementariedad se ha desarrollado como una herramienta epistemológica alternativa al reduccionismo, cuando se busca una solución holística, particularmente en temas actuales como sistemas complejos. Este capítulo analizará los más

189

recientes pasos en la evolución de la filosofía de la
Complementariedad con enfoque en dos campos complejos
del conocimiento: la Biología Molecular y el estudio de la
Conciencia.

LA COMPLEMENTARIEDAD EN LA BIOLOGÍA

La visión de Bohr sobre la Biología, que se fue
desarrollando desde que era un estudiante y participaba en las
conversaciones científicas organizadas por su padre, el
Fisiólogo Christian Bohr, incluía las observaciones de su
mentor filosófico Harald Høffding. Christian Bohr estaba en
contra de una visión mecanística o reduccionista de la
Biología, ya que él no creía que todos los fenómenos de la vida
podrían ser eventualmente explicados únicamente por la
Física y la Química. Høffding mantenía una visión que
reconciliaba la teleología biológica, o sea el encontrar un
propósito en la vida, con un determinismo causal físico,
mayormente siguiendo los pasos de la teleología crítica de
Kant (Roll-Hansen, 2000, p. 419).

La teleología crítica de Kant representa una paradoja
en la Biología, incluyendo, por un lado, la demanda de un
conocimiento de la naturaleza que sea científico y puramente
mecanístico, mientras que se considera, por otro lado, las

características y propósitos de los organismos vivos. Por esta razón, Høffding escribió lo siguiente:

La vida orgánica presenta una analogía con lo bello, lo sublime, y lo ingenioso. La Naturaleza emplea un método en el plano orgánico del cual nosotros realmente no tenemos concepto. Aquí nosotros no descubrimos un ser originado por la articulación e interacción mecánica de algunas partes; ni tenemos el derecho, científicamente, para asumir un plan antecedente de acuerdo al cual las partes son combinadas posteriormente......el organismo es por lo tanto inexplicable, ya sea teleológica o mecánicamente (Høffding, 1912, p. 161).

Bohr creía que una descripción estrictamente mecanística de la vida orgánica requería que el sistema fuera aislado de su medio ambiente y de cualquier interacción con otros sistemas. Asumiendo, sin embargo, que el aislamiento de su medio ambiente causaría la muerte del organismo, él dedujo que el describir un organismo viviente aislado sería una contradicción en términos. Bohr creía que, mientras que el organismo se mantuviera vivo, no existía real distinción entre el organismo mismo y el medio ambiente que soporta su vida (Folse, 1945, p. 187). Siguiendo con esta línea de pensamiento, Bohr concluyó que los aspectos holísticos de los fenómenos biológicos no podían ser explicados en términos de procesos cuánticos individuales, sino que debían de ser abordados desde un punto de vista estadístico, por lo tanto alejándose de una descripción basada en términos puramente mecánicos y buscar una descripción basada en la relación entre la Termodinámica y la Mecánica Estadística (McEvoy, 2001, p. 317). La Biología necesitaría dos campos distintos de estudio para avanzar en el conocimiento de los organismos: Un campo que describiera las características mecánicas del fenómeno a nivel sub-célular, y otro campo que explicara el organismo completo, y como este interactuaba con otros organismos (Mazzocchi, 2010, p. 339).

Como ha sido el caso en otras ocasiones, la Complementariedad aparece aquí como una herramienta potencial para resolver estos problemas complejos. En el caso de la Biología, el problema que la ciencia está tratando de resolver es el poder entender el comportamiento de la vida.

MAX DELBRÜCK Y EL DESARROLLO DE LA BIOLOGÍA MOLECULAR

Niels Bohr presentó una conferencia el 15 de agosto de 1932, titulada "Luz y Vida," como parte del Congreso Internacional de la Terapia de la Luz en Copenhague. La conferencia estaba enfocada en presentar un resumen del impacto filosófico de la Teoría Cuántica en las ciencias de la vida. Bohr aquí sugirió que la Complementariedad podría ser util en el entendimiento de los fenómenos biológicos. En asistencia a la conferencia se encontraba Max Delbrück, un estudiante post-doctoral alemán de Física, quien se encontraba estudiando con Bohr en Copenhague. Delbrück más tarde describiría cómo esta conferencia de Bohr cambió el curso de su vida. Él se encontró fascinado de manera inmediata de encontrar alguna forma de Complementariedad en el campo de la Biología, y esto lo motivó a dedicar su vida a ese campo, en vez de dedicarse a la Física (McKaughan, 2005, pp. 507-508). El argumento básico de Bohr indicaba que la vida podía ser vista como un grupo de moléculas, o como un organismo vivo, por lo tanto permitiendo que la gente pudiera llevar a cabo observaciones con relación a la localización de las moléculas o a como el sistema del organismo vivo funcionaba. Estas dos diferentes referencias de observación podían ser mutuamente exclusivas, requiriendo una visión complementaria para lograr una descripción completa del sistema (Holliday, 2006, p. 93).

Después que Delbrück se graduó del programa de Física en Göttingen, recibió un apoyo para investigación de la Fundación Rockerfeller que le permitió pasar un año estudiando en el lugar de su elección. Delbrück decidió pasar la mitad del año trabajando con Bohr en Copenhague, y la otra mitad del año trabajando con Pauli en Zurich. Tanto Bohr como Pauli se convirtieron en importantes influencias para el desarrollo intelectual y filosófico de Delbrück. Durante su corto tiempo en Copenhague, donde rápidamente fue considerado como el heredero espiritual de Bohr, Delbrück inmediatamente se interesó en trabajar para preservar y avanzar el concepto de la Complementariedad. Mientras que Delbrück heredó las visiones filosóficas y el entusiasmo acerca de la Complementariedad de Bohr, él también heredo de Pauli la rudeza y claridad mental cuando tenía que discutir con sus colegas. En sus últimos años, él se describía a sí mismo a sus amigos, de una manera complementaria, usando la metáfora de la obra Fausto de Goethe: "Dios y Mefistófeles, los dos en uno mismo" (Segre, 2007, pp. 97-98, 269).

Después de su tiempo en Copenhague y en Zurich, Delbrück se movió a Berlín, donde él trabajó, todavía en el campo de la Física, como asistente de Lisa Meitner. Mientras se encontraba en Berlín, Delbrück organizó un grupo de discusión que incluía Físicos Teóricos y eventualmente Bioquímicos y Biólogos. En 1935, como resultado de las actividades de este grupo, Delbrück hizo una publicación , junto con el Genetista Nikolai Timofeeff-Ressovsky, y el Físico de Radiación Karl G. Zimmer, titulada *Über die Natur der Genmutation und der Genstruktur (Sobre la naturaleza de las Mutaciones y la Estructura de los Genes)*. Esta publicación, que sugería que la radiación a una alta energía podría cambiar las condiciones estables de un gen a otro que tendría diferentes características, fue un gran ejemplo de la colaboración cruzada entre expertos de diferentes campos; la publicación llegó a ser conocida como *El papel de los Tres Hombres (Three Man Paper 3MP)* (McKaughan, 2005, P. 510). A través de una combinación de Genética Experimental, Química, y Física Teórica para poder modelar el gen con una estructura molecular específica, más el uso de la tecnología de Rayos X, el *Papel de los Tres Hombres (3MP)* demostró el beneficio de combinar visiones multidisciplinarias para proveer descripciones detalladas de los fenómenos biológicos. La publicación del papel tuvo sus dificultades, ya que el publicista cerró su negocio después de haber impreso sólo tres copias, así que el *3MP* fue distribuido por re-impresiones individuales a un selecto grupo de colaboradores en el campo. Debido a que las re-impresiones fueron hechas con una pasta verde, fueron llamadas "El panfleto verde" (Sloan y Fogel, 2011, pp. 1-2).

Cuando una copia del *3MP* le fue entregada en 1942 el Físico Cuántico Erwin Schrödinger, tuvo un gran impacto en el, de tal manera que en 1944 Schrödinger publicó un libro titulado *¿Que es la Vida?*, en el cual discutía la paradoja entre las leyes estadísticas de la Termodinámica y la estabilidad de los genes. Schrödinger pensaba que esta paradoja eventualmente llevaría el descubrimiento de nuevas leyes; Él inclusive especulaba entonces acerca de la existencia de un código genético. Este fue un libro de gran influencia para científicos jóvenes, incluyendo posiblemente a Francis Crick, otro Físico que cambió su carrera a la Biología y eventualmente colaboró junto con James Watson en el descubrimiento del ADN (Holliday, 2006, p. 94).

En 1937 Max Delbrück recibió fondos de investigación para trabajar temporalmente en el Instituto de Tecnología de California (Caltech), donde él, ahora completamente dedicado a la Biología, enfocó sus investigaciones sobre el replicado de los bacteriófagos. Eventualmente, su trabajo en colaboración con Salvador Luria y Alfred Hershey sobre los bacteriófagos resultó en que le fuera otorgado el Premio Nobel de Fisiología y Medicina en 1969. Max Delbrück retornó al Caltech en 1947 como profesor de Biología hasta que se retiró en 1977 (McKaughan, 2005, p. 510). Max Delbrück es considerado como uno de los padres de la Biología Molecular.

EL CONTINUO DEBATE EN LA BIOLOGÍA MOLECULAR

Como fue descrito por Patee (1979a), los orígenes de la Biología Molecular se desarrolló a partir de la participación de dos grupos separados: los *estructuristas*; basados en cristalografía experimental de Rayos X, incluyendo a Bernal, Astbury, y Braggs; y los *informacionalistas*, basados en la genética de los fagos asociada con Delbrück y una fuerte influencia hereditaria de la Física Cuántica, particularmente de Bohr y de Schrödinger. Los estructuraliistas basaron sus análisis en el poder de sus métodos experimentales,

196

incluyendo la definición de la estructura atómica tridimensional de las moléculas vía el uso de la difracción de los Rayos X. Ellos pensaban que, independientemente de la complejidad del fenómeno biológico, eventualmente las leyes físicas convencionales proveerían una explicación. Los informacionalistas, por otro lado, mantenían sus dudas acerca de la habilidad de la Física pura para explicar la vida usando métodos puramente objetivos y reduccionistas (p. 217).

La publicación de Pattee titulada *The Complementarity Principle and the Origin of Macromolecular Information (El Principio de Complementariedad y el origen de la Información Macromolecular)*, fue publicada en 1979. Él reportó en ella que la tensión entre los estructuralistas y los informacionalistas ya se había relajado para ese tiempo, con ambos lados aceptándose el uno al otro. Pattee indicaba que esta aceptación vino como un resultado del descubrimiento del modelo combinado estructural e informacional del ADN por Crick y Watson. Pattee citó a Sidney Brenner diciendo: "Viendo hacia el pasado, uno puede ver ahora que la doble hélice trajo consigo la realización de que la información en los sistemas biológicos puede ser estudiada de la misma manera que la energía y la materia" (Pattee, 1979a, pp. 217-218).

Pattee, sin embargo, tenía la pregunta sobre la validez de considerar a la información como simplemente otra variable física en el sistema vivo, ya que muy bien podría ser

197

una característica y un aspecto exclusivo del sistema en comparación con todos los otros sistemas físicos. La intención de su publicación era el revitalizar este tema y no simplemente asumir que esta pregunta era irrelevante o que la respuesta ya estaba completa. La publicación de Pattee sugería las siguientes ideas:

1. El concepto de información en los sistemas biológicos es complementario al concepto en los sistemas físicos, incluyendo:

    a. La diferencia epistemológica entre el instrumento de medición como la fuente de información y el objeto que está siendo medido

    b. La necesidad de tener una descripción completa de todas las características relevantes de las interacciones entre el método de medición y el objeto (la estructura de información).

    c. La incompatibilidad de los conceptos sujeto-objeto, que aparenta ser contradictoria si es combinada en una sola representación.

2. Un ejemplo principal de la Complementariedad de las estructuras biológicas y de la información biológica es la relación entre el rango independiente de las limitaciones informacionales macroscópicas o

198

moleculares y el rango independiente de las leyes estadísticas, clásicas o cuánticas, o la Complementariedad entre leyes microscópicas reversible y observaciones macroscópicas irreversibles.

3. Toda la información existente sobre los sistemas biológicos fue originada por mediciones. Existe una limitación informacional de rango independiente trabajando en paralelo con una dinámica de rango dependiente como parte del sistema de medición. En el simple caso de la molécula de una enzima, podemos observar la limitación del sistema de medición. Para explicar su especificidad de rango independiente y rango dependiente, se requiere una descripción complementaria dinámica y catalítica.

4. El origen de la información biológica es la selección natural, requiriendo tanto las limitaciones moleculares de rango independiente y la información de nacimientos de rango dependiente. La selección natural es un tipo complejo de procesos de medición.

5. La pregunta de que si la información biológica puede ser reducida a Física es epistemológicamente equivalente a la pregunta acerca de que si existe una explicación de los sistemas de medición que pueda ser reducida a las leyes de la naturaleza (Patee, 1979a, 218-219).

En una publicación separada de Pattee en 1979, se continua usando la Complementariedad para entender los sistemas biológicos. Él se hace la siguiente pregunta: ¿Es la Complementariedad sólo un principio epistemológico al nivel

199

de explicación cognitiva? O ¿es algo que tiene influencia activa sobre la naturaleza de la organización biológica en todos los niveles? En respuesta, Pattee menciona lo siguiente:

> Mi propio punto de vista es que la vida se distingue de la materia no viva a través de la articulación de leyes físicas y reglas informacionales en todos los niveles, empezando con el origen de la vida.....¿Que más información genética se requiere para construir un cerebro que un hígado con un número igual de células? Los sistemas vivos han contestado esta pregunta una y otra vez a través de 3.5 billones de años de evolución, pero las respuestas están escondidas de nosotros mientras que no tengamos conocimiento de las relaciones de función-estructura complementaria que nos puedan permitir descubrir los efectos de las leyes físicas a partir de las reglas informacionales (Pattee, 1979b, p. 246).

El debate de la utilidad de la Complementariedad en resolver preguntas paradójicas en Biología ha continuado por muchos años. En 2006, Robin Holliday hizo una publicación titulada *La Física y los Orígenes de la Biología Molecular*, describiendo la historia de cómo Bohr, Schrödinger, y Delbrück influenciaron las etapas iniciales de la Biología Molecular. Sin embargo, la publicación concluye que mientras la Física ha contribuido de muchas maneras a la Biología, no se han desarrollado nuevas leyes y no hay paradoja que resolver, pero se ha logrado iluminar y explicar muchas cosas. La conclusión de Holliday era que "No es fácil definir la vida, pero es muy razonable concluir que los científicos al final del siglo veinte han logrado obtener una   respuesta a la pregunta de Schrödinger" (Holliday, 2006, p. 97), *¿Qué es la Vida?* Nota del Autor: Yo pienso que el jurado todavía no ha dado su conclusión con respecto a estar de acuerdo que la ciencia, verdaderamente, ha terminado la tarea de explicar la vida.

Recientemente, en 2010, la publicación de Mazzocchi, *Complementariedad en Biología: una revisión a la relación de los métodos Sistémicos y de Reduccionismo-Molecular*, describe cómo, después del descubrimiento del ADN, se desarrolló un dogma alrededor de la genética molecular, resultando en la interpretación de muchos Biólogos de que la vida era un proceso molecular generado por información genética. Esta condición dogmática representaba un nivel ontológico de reduccionismo insistiendo que el entendimiento de funciones básicas a nivel molecular era suficiente para explicar el proceso celular total o el organismo completo. El trabajo sobre el Genoma humano generó expectativas que soportaban este dogma, sin embargo, después de más investigación, se encontró que el método reduccionista molecular no podía proveer la visión completa – es decir, se ha encontrado que los genes no son simples representaciones lineales de información, sino que son un grupo mayor de redes y capas complejas. Como observó Mazzocchi, los genes y sus productos no existían o actuaban como entidades aisladas y autónomas; estos son parte de redes complejas a diferentes niveles de organización que en turno tienen influencia sobre su actividad y sus funciones. Cada célula tiene muchos componentes moleculares con relaciones complejas entre ellos, diferentes entre una célula o capa y otras (Mazzocchi, 2010, p. 341). Tanto los métodos de análisis como de síntesis son requeridos como un modelo circular, yendo desde las partes hacia el Todo y vice-versa. Mazzocchi cita a Edgar Morin diciendo: "El conocimiento de las partes no es suficiente, el conocimiento del Todo como un Todo no es suficiente, si uno ignora las partes, uno termina yendo y regresando en círculo hasta obtener el conocimiento del Todo y de las partes" (p. 343). Mazzocchi concluyó que la Complementariedad tenía el potencial de resolver las tantas visiones teóricas y asistir en combinar los elementos reduccionistas y holísticos para alcanzar una solución más exacta (Mazzocchi, 2010, p. 343).

La Complejidad en los Sistemas Biológicos

La teoría de los sistemas contemporáneos explica que los sistemas en el mundo real pueden existir en uno de tres posibles estados, dependiendo de qué tan cerca se encuentren del equilibrio. Un sistema en el primer estado es homogéneo y dinámicamente inerte. Un sistema en el segundo estado está cerca del equilibrio con pequeñas diferencias en temperatura y concentración, conteniendo una estructura interna no al azar que lo hace no-inerte. Los sistemas en el segundo estado tienden a moverse hacia el equilibrio. Los sistemas en el tercer estado están lejos del equilibrio térmico y químico; en su lugar, estos son no-lineales y ocasionalmente indeterminados. Estos sistemas, que pueden evolucionar hacia un régimen dinámico que está lejos de estar en equilibrio, existen en todos los dominios del mundo natural e incluyen a los sistemas vivos. Observaciones experimentales hechas por Aharon Katchalsky en los años 70's demostraron que estos sistemas mantienen un flujo constante de energía, lo cual los lleva hasta niveles más altos de energía libre y entropía específica baja. La aparición de la vida misma en la biosfera es un ejemplo de un sistema en el tercer estado (Lazlo, 1991, pp. 2-5).

En la publicación de Theise y Kafatos titulada *Complementariedad en los Sistemas Biológicos: Una visión compleja*, publicada en 2013, los autores proveen una visión actualizada del impacto del método de Complementariedad desde el punto de vista de la Biología de Sistemas y Teoría Compleja. Su método representa una corriente actualizada de investigación aparte de las visiones reduccionistas iniciales de la ciencia.

Theise y Kafatos (2013) aseguran que, a niveles biológicos, la selección de los métodos de observación permanecen directamente conectados al medio ambiente, hasta el momento en que la observación es llevada a cabo, y la experiencia cuando está sucediendo. Estos métodos tienen la habilidad de incrementar nuestro conocimiento teórico al mismo tiempo que proveen oportunidades para obtener nuevos métodos de tratar enfermedades en los niveles medico y ambientales (p. 11). Su principal argumento indica que "la ascensión de la teoría compleja, por una parte, y de la biología de sistemas, por otra parte, en este caso nos revelan formas importantes de Complementariedad Biológica" (Theise y Kafatos, 2013, p. 12).

El trabajo actual de Biología de Sistemas, en el cual grandes cantidades de datos e información son generados por la genómica, proteómica, metabolómica, y otros campos de investigación, representa un método que se está alejando del reduccionismo, ya que todos estos datos están siendo utilizados para re-ensamblar el sistema y entenderlo como un Todo. La implicación de este desvío alejándose del reduccionismo tiene grandes implicaciones para la investigación biológica, aun y cuando esto no sea todavía completamente apreciado. Por otra parte, el ensamblar partes pequeñas en sistemas más grandes está soportado por una estructura provista por la Teoría Compleja, como se anota a continuación:

La complejidad describe como agentes que interactúan en sistemas biológicos (al menos) se auto-organizan en

204

estructuras de gran escala que muestran propiedades emergentes no fácilmente predichas por las características de los agentes individuales al nivel de escala menor o contenidos en ellos. El Todo es más que la suma de sus partes (Theise y Kafatos, 2013, p. 12).

Como se indica anteriormente, Bohr creía que, mientras que el organismo estuviera vivo, no existía una clara distinción entre el organismo en sí y el medio ambiente que soporta su vida (Folse, 1985, p. 187). Theise y Kafatos indican que esto es el sello de la vida en sí, observable como parte de la auto-organización adaptable representada por una comunidad de elementos individuales que cambian su método de auto-organización como una forma de adaptarse al medio ambiente cambiante. El criterio para este proceso es de la siguiente manera:

- Debe haber un número significante de elementos integrados. La complejidad del sistema y su potencial de adaptación se incrementa con mayores número de elementos.

- El sistema requiere un balance total de circuitos cerrados homeostáticos de retroalimentación negativa; mientras que circuitos cerrados positivos pueden existir, estos no son predominantes.

- Los agentes individuales no toman parte en la acción de censar globalmente, pero responden el medio ambiente local. Esto es similar a los procesos no-locales de la Física Cuántica. Si se rompe el realismo local, es remplazado por la no-localidad global.

- Debe de haber resultados al azar limitados en el sistema, ya que demasiados de estos no permiten la auto-organización y demasiado pocos no permiten que se desarrollen nuevos métodos de organización requeridos en respuesta a los cambios en el medio ambiente.
- La libertad creativa para adaptación es provista por el azar inherente como ocurre en los sistemas cuánticos (Theise y Kafatos, 2013, p.13).

El siguiente es un sumario de la tesis presentada por Theise y Kafatos con respecto a la Complementariedad en Biología:

- Los sistemas biológicos pueden ser descritos como niveles sobrepuestos o en capas de organización cuya definición depende de la escala de la observación.
- Lo que parece ser una entidad unitaria aun nivel de escala de observación, por ejemplo, una parvada de pájaros, o un grupo de peces, se encuentra que es un grupo de organismos individuales. Cada animal y planta, visto como un individuo, se disuelve en un conjunto de células auto-organizadas que interactúan entre sí.
- Si algo aparece como un elemento unitario o un conjunto intrincado de muchos elementos

206

depende de la escala de la observación. La visión desde una escala de observación afecta la habilidad de detectar características físicas críticas existentes a otros niveles hacia abajo y hacia arriba de la escala de la observación.

- Según uno se acerca al límite de la observación, la Complementariedad debe de ser evocada para permitir una descripción más completa de los componentes o los sistemas que se están observando.

- La Biología Clásica dice que existe una realidad biológica independiente de la observación. Esto es incorrecto, ya que la realidad que se va a encontrar depende de la escala de observación que se va a utilizar.

- Existe el potencial para un modelo alternativo del cuerpo o del sistema, una teoría clásica de fluidos. En sistemas biológicos, al igual que en sistemas cuánticos, el *proceso de interacción* es el elemento central, el cual puede ser descrito de cerca como una característica de la fluidez, en lugar de basarse en partículas físicas *solidas que no cambian.*

- La Complementariedad de las partes y el Todo se refiere a los niveles donde la Complementariedad se establece, según estos niveles son alcanzados como *horizontes del conocimiento.*

- Cualquier intento de analizar un sistema resultará en un cambio de la naturaleza del sistema bajo estudio, ya sea por llevarlo hasta su más amplio contexto o por aislar algunas de sus entradas por determinar limitaciones restrictivas.

- La Teoría de Sistemas en Desarrollo (DST) se traslapa con el análisis basado en la complejidad de los sistemas biológicos (Theise y Kafatos, 2013, pp. 13-16).

Theise y Kafatos han sumarizado su tesis concluyendo que existe la necesidad de una nueva ciencia, en la cual las relaciones de Complementariedad son aplicadas en todos los niveles de observación y en todos los niveles del conocimiento, incluyendo el calentamiento global, los sistemas humanos, etc. Ellos sostienen que virtualmente la mayoría, si no es que todos, los campos de estudio dependen de la aplicación de la Complementariedad, la cual puede considerarse como un principio fundacional del Universo (Theise y Kafatos, 2013, p. 18).

Capítulo 9. Complementariedad en las Ciencias Cognitivas

La explicación de cómo trabaja la Conciencia es uno de los últimos retos de la ciencia. A través de la historia, los estudios de la Conciencia han resultado en muchas teorías y argumentos filosóficos, sin llevar a una explicación completa del proceso. Como ya hemos visto , la Complementariedad ha aparecido en casos donde la ciencia se encuentra con problemas complejos tales como el entendimiento de la estructura atómica o el estudio de los organismos vivos; más aun, ha tomado parte en los primeros estudios de la Conciencia en la Psicología llevados a cabo por William James y los estudios del psique hechos por C. G. Jung.

Los estudios recientes de Conciencia se han enfocado generalmente en identificar cuando es que en la secuencia del proceso de información es que entra la Conciencia, así que como el proceso de Conciencia difiere de las actividades procesadas por el Pre-Consciente y el Inconsciente, las cuales son más automáticas. Es conocido que los procesos de atención o conscientes son relativamente lentos, flexibles y voluntarios. Los procesos conscientes aparecen cuando se tiene la necesidad de escoger, de aprender, y de memorizar, al igual que para actividades que requieren planeación, creatividad, y reflexión, aun y cuando parezca que estos son independientes de los procesos conscientes (Velmans, 1993, p.

209

538). Cuando se requiere procesamiento focal y atento, la Conciencia aparece estar presente según sea necesario, ya que en la ausencia de Conciencia los procesos focales y atentos no pueden ocurrir. Velmans (1993) discute que, desde la perspectiva de la primera persona, los estados de Conciencia fueron efectivos causalmente, y que las observaciones al nivel de "la primera persona son complementarias con respecto a la tercera persona. Aun y cuando estas pueden traducirse a experiencias de la tercera persona, no pueden ser reducidas a ellas" (p. 538).

Mientras que los procesos de Conciencia y de actividad neuronal parecen interactuar causalmente, una Teoría Completa de Conciencia requiere considerar la manera en la cual las experiencias tienen influencia sobre el cerebro, el cuerpo y el comportamiento, resultando en lo que Velmans describe como una "paradoja causal," la cual requiere la introducción de un principio de *complementariedad psicológica* para cubrir las explicaciones que consisten en perspectivas mixtas. El principio de Complementariedad se une a las observaciones y a las condiciones de la observación, de tal manera que, mientras que las causas de la acción que son observadas por un sujeto y por un observador puedan ser muy diferentes debido a los diferentes puntos de referencia, combinadas, las dos mantienen una relación psicológicamente complementaria (Velmans, 1993, p. 539). Velmans sumariza su argumento de la siguiente manera:

> Mi propia conclusión, dada la evidencia y los tantos vacíos que rodean esta situación, era que las observaciones de la primera-persona y de la tercera-persona permanecen complementarias y mutuamente irreducibles. Esta "complementariedad" combinada, e "irreducibilidad" vienen desde el punto de que estas son muestras de observaciones derivadas de diferentes formas de acceso a los eventos descritos. Por ejemplo, en situaciones descritas por la capacidad mental y por la capacidad cognitiva a través de los experimentos, un sujeto tiene acceso de primera-persona a la secuencia en el tiempo de su propia Conciencia y estados inconscientes. Pero el sujeto no tiene acceso a la operación detallada (Velmans, 1996, p. 542).

Estudios adicionales en Neurociencias soportan la idea de que, mientras que no hay procesos de Mecánica Cuántica específicos que puedan estar directamente involucrados en la explicación de la Conciencia y de los procesos cognitivos, algunos conceptos similares a los cuánticos, como es el caso de la Complementariedad y los fenómenos no-locales pueden tener algunos elementos significativos en ellos (Roy y Kafatos, 1999, p. 667).

Las siguientes secciones cubrirán algunos de los trabajos contemporáneos en los campos de Ciencias Cognitivas y Neurociencia, de tal manera de proveer evidencia que la

Complementariedad continúa siendo utilizada cuando la ciencia se encuentra en reto con la complejidad.

Puntos de Vista Actuales sobre el Problema de la Conciencia

Basándose en estudios recientes usando PET (Positron Emission Tomography – Tomografía de Emisión de Positrones) y de fMRI (Functional Magnetic Resonance Imaging- Imagen de Resonancia Magnética Funcional) de las áreas del cerebro de personas conscientes durante procesos normales de condiciones despiertas, el argumento podría ser hecho de que los datos para explicar el fenómeno de Conciencia ya están disponibles. Estos datos, sin embargo, explican cómo los procesos cognitivos ocurren físicamente en el cerebro y determinan qué áreas del cerebro son activadas para procesos específicos de condiciones de atención, pero no explican el proceso de Conciencia.

La Conciencia ha sido tradicionalmente estudiada por el campo filosófico conocido como fenomenología, o el estudio de los fenómenos. Este se encuentra dividido en dos tipos: uno es la "fenomenología observacional," un método esencialmente empírico que reporta estados mentales y su contenido; y el otro es la "fenomenología analítica," la cual es principalmente conceptual, y se preocupa principalmente del mundo como

212

este aparece, tratando a quién o a qué se está observando como parte de ese mundo. Los trabajos de Descartes, Locke, Hume y James caían en la tradición de la fenomenología observacional, mientras que los trabajos de Kant, Husserl y Heidegger son considerados parte de la tradición de la fenomenología analítica (Lloyd, 2002, pp. 818-819).

Lloyd (2002) presenta un resumen de los tres principales elementos atribuidos a la anatomía fenomenológica de la Conciencia de la siguiente manera:

1. La intencionalidad es interna a la Conciencia, donde la intencionalidad es la relación entre la mente y el mundo material, o entre estados separados de mente y sus objetos intencionales. Siempre existe una dualidad presente entre estos estados, la cual es la correlación conocida entre el Sujeto y el Objeto. La condición consciente no es únicamente una detección de las condiciones externas, sino que también incluye una característica subjetiva agregada por la conciencia del individuo. La intencionalidad requiere que la Conciencia incluya estructuras subjetivas adicionales para completar la experiencia de las realidades objetivas.

2. Todas las percepciones incluyen una superposición de componentes sensoriales y no-sensoriales. En la Conciencia ninguno aparece sin la presencia del otro. No existen propiedades no-sensoriales en el estado de atención.

3. Los estados de Conciencia incluyen una temporalidad superimpuesta.

    a. Todos los objetos, ya sean estables o cambiantes por sí mismos, son experenciados en un flujo temporal continuo.

    b. Todos los estados de Conciencia incluyen en sí mismos una atención del pasado con rumbo al presente, y moviéndose hacia posibilidades futuras (Lloyd, 2002, p. 819).

Los tres elementos de intencionalidad, superposición, y temporalidad son esenciales para el proceso de Conciencia. La manera en que estos trabajan indica que las condiciones repetitivas o las actividades nunca son experimentadas de la misma manera, y mientras el análisis de estos elementos proveen un modelo de la forma en que los procesos cognitivos trabajan, sólo describe una pequeña porción del proceso de Conciencia (Lloyd, 2002, p. 821).

La Neuro-fenomenología utiliza métodos exploratorios para analizar la evidencia funcional que se encuentra en las estructuras del cerebro relacionadas a las actividades específicas ligadas a la Conciencia, incluyendo las siguientes limitaciones:

- Los puntos del tiempo en una serie escaneada deben de ser considerados individualmente.

214

Los métodos existentes proveen puntos en el tiempo relacionados a la tarea o estímulo en proceso, promediándolos entre diferentes sujetos. Debido a que las condiciones de Conciencia son diferentes en cada punto del tiempo de los puntos anterior y posterior, promediando los datos individuales nos da información incompleta.

• Los sujetos deben de ser considerados individualmente. Las condiciones de temporalidad, superposición e intencionalidad expanden las oportunidades para las diferencias individuales de tal forma que los promedios entre los sujetos pueden eliminar evidencia del proceso individual de Conciencia.

• Los estados cerebrales deben de considerarse globalmente. Se puede asumir la localización de elementos específicos de Conciencia en el cerebro, y diferentes estados de Conciencia pueden ser definidos para que incluyan varios elementos específicos del proceso cognitivo. Sin embargo, parece que estados distribuidos de activación ocurren, incluyendo grandes áreas del cerebro durante el proceso de Conciencia (Lloyd, 2002, pp. 820-821).

Los elementos del proceso de Conciencia son extremadamente complejos. Cada estado de Conciencia Individual necesita considerar más de 10,000 dimensiones variables (Lloyd, 2002, p. 821), en las cuales millones de neuronas en diferentes lugares del cerebro participan y colaboran en un proceso complejo. Esto hace el estudio de la Conciencia extremadamente difícil para los métodos científicos reduccionistas tradicionales. Aquí de nuevo, se presenta una cita hecha anteriormente en este escrito por Mazzocchi: "El conocimiento de las partes no es suficiente, el conocimiento del Todo, como un Todo, no es suficiente" (Mazzocchi, 2010, p. 343).

Tononi (2004) provee un resumen de puntos importantes conocidos hasta la fecha, indicando algunas preguntas importantes que aún no tienen respuesta en tratar de entender la Conciencia:

- La Conciencia parece ser producida por ciertas partes del cerebro, y no, o mucho menos, por otras partes. Existe evidencia de que algunas porciones del área tálamo-cortica participan grandemente en el proceso de Conciencia.

- La Conciencia parece operar a través de un sistema neuronal distribuido; no existe un área específica donde todo sucede.

- La Conciencia se puede separar cuando los dos hemisferios del cerebro se separan. Cuando el corpus callosum es seccionado, los pacientes exhiben dos experiencias conscientes diferentes.

- No se conoce qué proceso determina si el activado de neuronas dentro de la región

216

tálamo-cortica contribuye directamente a la Conciencia o no.

* Procesos elaborados del sistema tálamo-cortico, tales como el reconocimiento de objetos, percepción de profundidad, y el lenguaje, permanecen mayormente inconscientes.

* Los procesos neuronales que trabajan en regiones que participan como entradas y salidas a la region tálamo-cortica no parecen participar en la experiencia de la Conciencia.

* El activado de neuronas corticales en la region tálamo-cortica pueden estar correlacionadas con la Conciencia en algunas ocasiones y en otras ocasiones no lo están.

* La información relacionada a la ocurrencia de un estado de Conciencia parece tener su origen en un sistema integrado (Tononi, 2004, pp. 2-5).

Tononi concluye que lo que se requiere no es más información, sino una estructura teórica que pueda dar sentido a la información. Desafortunadamente, métodos teóricos que tratan de proveer una explicación coherente para algunos de los puntos básicos de la Conciencia y el cerebro son pocos y limitados (Tononi, 2004, p. 4).

La siguiente sección cubrirá un grupo de teorías nuevas sobre los procesos cerebrales relacionados con la Conciencia basados en el concepto de Complementariedad.

Nuevos Métodos basados en Complementariedad usados en Neurociencias

En tiempos recientes, algunos investigadores han propuesto abordar el estudio de las funciones cerebrales utilizando las herramientas de la Complementariedad, dada la manera en que la dinámica cerebral parece ocurrir. Este método ha hecho que los científicos consideren una vez más como Bohr lo hizo al estudiar la estructura del átomo, que la naturaleza se comporta de una manera complementaria y la ciencia debería de tomar esto en consideración. Al evaluar los métodos tradicionales de la mecánica Newtoniana de determinismo y orden puro, se ha encontrado que aun Newton reconoció la existencia del caos y de complejidades en el estudio de interacciones entre cuerpos.

La ciencia y naturaleza humana han mantenido hasta ahora el hábito de organizar las cosas en términos de dicotomías, pero el estudio de los procesos cerebrales ha hecho que un grupo de científicos considere la necesidad de una ciencia que no sólo acepte los elementos opuestos, sino que también le de valor a las condiciones intermedias. En los últimos 25 años, el concepto de *Dinámica de Coordinación* (también llamada "la Ciencia del Intermedio") y algunas de sus variables han aparecido como métodos viables para analizar la dinámica de sistemas complejos, auto-organizados, tales como el cerebro.

Para poder describir la Dinámica de Coordinación, necesitamos analizar la dinámica del cerebro, según los recientes estudios encontrados en Neurociencias. Como se indicó anteriormente, los procesos cerebrales son demasiado complejos para analizarse utilizando los métodos científicos tradicionales reduccionistas. Se ha encontrado que el cerebro consiste de módulos independientes, los cuales trabajan en procesar elementos como las percepciones del color, forma y movimiento. Este descubrimiento soporta la idea de que los procesos cerebrales son especializados, pero también es conocido que fuertes interacciones ocurren *entre* los diferentes procesos, de tal manera que cambios en percepción del color o forma afectan la percepción de profundidad y de movimiento. Las interacciones entre estos flujos de procesamiento generan una propiedad de comportamiento coordinado que soporta la unidad de las experiencias conscientes (Grossberg, 2000, p. 2).

El cerebro parece seguir dos métodos diferentes de organización, *segregación funcional* e *integración funcional.* La segregación funcional indica la evidencia de que las dinámicas

219

de cada área cerebral son diferentes, en términos de respuestas a entradas y diferencias en procesos internos. La integración funcional describe cómo las diferentes áreas ejercen influencia entre sí para facilitar una respuesta coordinada. La operación de esta dialéctica, que mantiene una dinámica específica regional y resulta en una Coordinación global, que es considerada un "gran ejemplo de complejidad" (Friston, 1997, p. 164).

En soporte de la idea de la Complementariedad de la naturaleza, Grossberg (2000) sugiere que la organización del cerebro sigue principios de Incertidumbre y de Complementariedad, "como el mundo físico lo hace con el cual los cerebros interactúan, y del cual estos forman parte...... reflejando el rol de cada cerebro como un instrumento de medición auto-organizado en el mundo, y *del* mundo" (p. 3).

Estudios de modelos neuronales han demostrado que diferentes partes de los procesos del flujo cerebral resultan en diferentes combinaciones de propiedades complementarias. Algunos de estos pares de procesos son los siguientes (Grossberg, 2000, p. 3)

Separación	Superficie
Separación	Movimiento
"Que" aprendiendo y agrupando	"Donde" aprendiendo y agrupando
Aprendizaje atento	Búsqueda orientada
Rastreo de objeto	Navegación de flujo óptico
Color	Luminosidad
Vergencia	Angulo esférico
Expectativa motora	Velocidad Voluntaria
Representación cortical sensorial	Respuesta motivacional aprendida
Orden de memoria de trabajo	Rango de Memoria de trabajo

Un gran número de estudios analizando estos pares de procesos han soportado la conclusión de que la Complementariedad puede ser un principio general del diseño del cerebro. Al estudiar la dinámica global del cerebro en más detalle, Hellyer y otros (2014) han encontrado evidencia adicional de su comportamiento complementario. Algunos elementos importantes de este trabajo incluyen los siguientes:

- La actividad de la red es dependiente del contexto del comportamiento, reconfigurándose dinámicamente a través del tiempo.

- El estudio de las redes cerebrales necesitan incluir no sólo las conexiones estructurales del cerebro, sino también los cambios dinámicos que ocurren con estas conexiones.

- Considerando al cerebro como un sistema dinámico complejo, el término metaestabilidad es introducido como una tendencia para moverse endogenosamente entre estados similares de atracción transientes.

- Una hipótesis potencial es que la metaestabilidad incrementada permite más interacciones dinámicas flexibles entre regiones, mientras que una metaestabilidad reducida soporta estados más estables.

- Una metaestabilidad alta provee una respuesta eficiente a eventos externos cambiantes; una metaestabilidad baja soporta una respuesta enfocada que puede permanecer estable a través del tiempo

- Cambios en la metaestabilidad del cerebro entero están en línea con cambios en estados de descanso, exploratorios y no enfocados, y también en estados que demanden atención enfocada (Hellyer y otros, 2014, p. 451).

La conclusión de la investigación de Hellyer y sus colegas indica que los cambios en el balance de la actividad cerebral entre redes cerebrales cambiando de no-enfocadas y exploratorias a estados enfocados y estables están

222

relacionados a un alta metaestabilidad o baja metaestabílidad respectivamente (Hellyer y otros, 2014, p. 460). Más adelante veremos cómo la metaestabílidad puede también definirse como un término soportado por principios complementarios.

Capítulo 10. La Nueva Complementariedad, Dinámica de Coordinación y Metaestabilidad

Cuando propuso su concepto de la Ciencia del Intermedio, Kelso (2005) reflexionó sobre las siguientes preguntas:

- ¿Por qué nosotros hablamos de "en lugar de" y "contra" todo el tiempo?
- ¿Por qué distribuimos el mundo en pares?
- ¿Hay algo en nuestros propios cerebros que nos hace categorizar las cosas en términos de "uno/otro"?
- ¿Qué pasaría si viéramos las cosas desde la perspectiva de "ambos/y" en vez de "uno/otro"?

o, más precisamente, para evitar dicotomías:

- ¿Qué pasaría si aceptáramos tanto el concepto de "uno/otro" y también el "ambos/y" junto con todo lo intermedio?

Una ciencia que permite esto necesitaría:

Incluir tanto el lenguaje de los estados, en los cuales los extremos polarizantes puedan verse como estados estables (atractores estacionarios) de un sistema dinámico, y el lenguaje de las tendencias o disposiciones, en las cuales no existen estados (estables o inestables) del todo .... La Ciencia del Intermedio consiste de *multiples tendencias coexistiendo al mismo tiempo*. Tanto la ciencia y la filosofía detrás de esto representa un "tipo especial de Complementariedad" ..... llamado *la naturaleza complementaria* (Kelso, 2005, p. 78).

Empezando por el ejemplo de los procesos cerebrales y cómo tanto los métodos de organización de integración y de segregación parecen trabajar de una manera coordinada, Kelso presenta una definición de la *Dinámica de Coordinación* de la siguiente manera:

La Dinámica de Coordinación busca caracterizar la naturaleza del acoplamiento *dentro* de una parte de un sistema, *entre* diferentes partes de un sistema y entre *diferentes tipos de sistemas*. Aun más, explícitamente aborda la conexión entre diferentes niveles de descripción. En última instancia la Dinámica de Coordinación está interesada en cómo las cosas se unen en el espacio y tiempo, y cómo estas se separan – trayéndonos de nuevo en un ciclo completo a la condición de integración-segregación (Kelso, 2005, p. 79).

Kelso y Engstrøm (2008) presentaron su concepto de *La Naturaleza Complementaria*, o TCN, por sus siglas en Inglés, la cual define los siguientes elementos:

- Aun y cuando los contrarios son diametralmente opuestos por definición, de cualquier manera

225

coexisten, son mutuamente dependientes, e inextricables.

- TCN trasciende reconciliaciones basadas metafóricamente de "opuestos en conflicto" que han sido frecuentemente expresadas en la historia de las ideas, y son aún expresadas hoy en día.

- La reconciliación está aterrizada en los principios y lenguaje matemático de la teoría científica en evolución llamada Dinámica de Coordinación.

- La Dinámica de Coordinación provee un método para estudiar y entender pares de opuestos en general, como: individual ~ colectivo, estable ~ inestable, Integrado ~ segregado, y competencia ~ colaboración, de tal manera que sean fenómenos experimentalmente observables y posibles de ser probados.

- TCN expande el concepto de Complementariedad de Bohr a través del concepto emergente de Dinámica de Coordinación, y provee una visión sobre la manera en que el cerebro humano trabaja, y cómo los cerebros humanos trabajan juntos (Kelso y Engstrøm, 2008, pp. 2-3).

226

En soporte de esta visión, Ji (1995) proporcionó una explicación sobre la Epistemología y la Ontología complementaristas que se reflejan en el cerebro humano, particularmente con respecto a las especializaciones hemisféricas del cerebro, proponiendo que los hemisferios izquierdo y derecho tienen varias diferentes funciones psicológicas, de tal manera que la realidad final percibida por el cerebro era una visión complementaria de ambos hemisferios (Ji, 1995, p. 519).

La siguiente es una lista de pares complementarios de diferentes campos y pensadores a través de la historia del pensamiento humano (Kelso y Engstrøm, 2008, pp. 36-37):

Fechas	Pensador	Campo	Pares Complementarios
540-480 BC	Heráclito	Filosofía	permanencia~cambio
470-399 BC	Socrates	Filosofía	pregunta~respuesta
428-348 BC	Platon	Filosofía	forma~ideal, ser~convertir
400-320 BC	Lao Tzu	Filosofía	yin~yang
384-322 BC	Aristóteles	Filosofía	causa~efecto
350-260 BC	Buddha Sakyamuni	Religión	felicidad~sufrimiento
6 BC- 30	Jesús	Religión	amor~odio
1225-1274	Tomás de Aquino	Teología	fe~razón
1564-1642	Galileo Galilei	Cosmología	ciencia~religión
1564-1616	Shakespeare	Literatura	comedia~tragedia
1596-1650	Descartes	Filosofía	res cogitans~res extensa

227

1642-1727	Newton	Física	terrestre~celeste
1724-1804	Kant	Filosofía	racionalismo~ empiricismo
1770-1831	Hegel	Filosofía	tesis~antítesis
1809-1882	Darwin	Biología	selección natural~ mutación
1815-1872	Lovelace	Computación	hardware~software
1818-1883	Marx	Filosofía	proletario~burgués
1831-1879	Maxwell	Física	electricidad~magnetismo
1857-1952	Sherrington	Fisiología	reflejo~sinergia
1869-1948	Gandhi	Leyes	disciplina~desobediencia
1875-1961	Jung	Psicología	consciente~inconsciente
1875-1968	Dale	Pharma.	transmisor~receptor
1879-1955	Einstein	Física	tiempo~espacio
1883-1946	Keynes	Economía	control~laissez-faire
1885-1962	Bohr	Física	onda~partícula
1896-1980	Piaget	Psicología	acomodo~asimilación
1901-1976	Heisenberg	Física	cert...~incertidumbre
1901-1978	Mead	Antropología	primitivo~civilizado
1902-1984	Dirac	Física	electrón~positron
1904-1979	Dalí	Arte	primer plano~plano atrás
1904-1979	Gibson	Psicología	organismo~ambiente
1905-1980	Sartre	Filosofía	esencia~existencia
1908-1986	Beauvoir	Literatura	inmanencia~trascendencia
1910-1976	Monod	Biología	azar~necesidad
1911-	Wheeler	Cosmología	gravedad~radiación
1911-2003	Katz	Fisiología	Pot. gradual~ Pot. acción
1912-1954	Turing	Computación	lógica~dinámica

228

1916-2003	Prigogine	Química	equilibrio~desequilibrio
1918-1988	Feynman	Física	partícula~antipartícula
1926-	Haken	Física	variable-lenta~rápida
1926-	Patee	Biología	símbolo~dinámica
1928-	Chomsky	Lingüística	competencia~desarrollo
1929-	Gell-Mann	Física	simplicidad~complejidad
1929-	Edelman	Biología	selección~instrucción
1941-2002	Gould	Biología	gradualismo~saltación

TCN mantiene la premisa que la manera en que uno interpreta los pares de opuestos tiene una influencia dramática en cómo uno percibe la vida en general. Al menos cuatro interpretaciones pueden ser identificadas para un par complementario de la forma ca1~ca2, donde ca significa "aspecto complementario." La Figura 4 muestra cuatro interpretaciones básicas, al igual que las representaciones de la reconciliación del par complementario.

FIGURA 4

POSIBLES INTERPRETACIONES DE UN PAR COMPLEMENTARIO,
CA1~CA2, Y UNA RELACIÓN BASADA EN EL PRINCIPIO DE TCN
(Kelso y Angstrom, 2008, p. 50).

CUATRO INTERPRETACIONES BÁSICAS...... Y UNA RECONCILIACIÓN

En la Figura 4, para las dos posibilidades de "uno/ otro," uno de los dos aspectos complementarios tiene un mayor enfoque, dejando las dos perspectivas como imágenes de un espejo una de la otra y representando dos posibles monismos polares. Un ejemplo de esta posibilidad es el par idealismo contra el fisicalismo.

La interpretación "ambos/y" considera ambos aspectos complementarios estando el mismo nivel fundamental, y asume que estos interactúan uno con el otro, como es el caso del dualismo mente/cuerpo de Descartes. Esta interpretación asume que ambos aspectos complementarios tienen el mismo enfoque y están unidos para formar un tercer aspecto que representa un nivel mayor de totalidad. Como ejemplo se tiene el monismo neutral de Spinoza.

La interpretación de reconciliación con énfasis en "uno/otro~ambos/y" resulta en una armonización de las cuatro interpretaciones básicas, representando modelos dinámicos iguales. Esta interpretación representa el nuevo paradigma sugerido por el principio de TCN (Kelso y Engstrøm, 2008, pp. 50-51).

Esta reconciliación "ambos/y" mutuamente inclusive trae consigo ideas que son encontradas en las filosofías de algunos pensadores clave en la historia. Heráclito, por ejemplo, creía que opuestos en conflicto no sólo eran necesarios, sino que eran representaciones inextricables de una naturaleza que tenía muchas caras. El proceso dialéctico de Aristóteles esperaba proporcionar una visión probable entre opuestos incompletos, no una síntesis o rechazo de contrarios percibidos. Él le llamó a su reconciliación metafórica "la regla de oro," en la cual, como ejemplo, la virtud informada por la razón se localizaba entre los opuestos de exceso y deficiencia. Aristóteles describía su teoría de la regla de oro de la siguiente manera:

> Es una media entre dos vicios, aquel que depende del exceso y aquel que depende del defecto; y una vez más es una media porque los vicios respectivamente se quedan cortos o exceden lo que es correcto tanto en pasiones como en acciones, mientras que la virtud tanto encuentra y selecciona aquello que es intermedio. (*Nicomachean Ethics*, libro II, Parte VI, en Kelso y Engstrøm, 2008, p. 58).

La filosofía de Aristóteles re-aparece en el trabajo de Santo Tomás de Aquino, quién estaba buscando una reconciliación entre la fe y la razón, creyendo que algunas verdades (tales como el misterio de la Encarnación) podían ser sólo conocidas a través de la revelación, mientras que el conocimiento de la composición de las cosas materiales podría sólo ser encontrado empíricamente; otros elementos, tales como la existencia de Dios, podrían ser únicamente encontrados a través de *ambos* métodos, la revelación y la experiencia. El describió la reconciliación de la fe y la razón como sigue:

> Consecuentemente, aquellos que están más adaptados a la vida activa pueden prepararse a sí mismos para lo contemplativo a través de la práctica de la vida activa, mientras que aquellos que están más adaptados a la vida contemplativa toman para sí mismos los trabajos de la vida activa para volverse aún más aptos para ser contemplativos (*Summa Theológica*, en Kelso y Engstrøm, 2008, p. 59).

En la búsqueda de la reconciliación científica de los pares complementarios, Kelso y Engstrøm (2008, pp. 64-70) analizaron algunos de los mayores trabajos científicos, como sigue:

* La mecánica celeste-terrestre de Newton, la cuenta matemática de la fuerza y el movimiento, describiendo lo que la gravedad hace sin describir cómo es que actualmente lo hace; el concepto de causalidad y la naturaleza de la luz; el análisis del par geometría~dinámica y la introducción de la cantidad de cambio y la aceleración; el desarrollo de las matemáticas basadas en el par complementario diferenciación~integración.

* El trabajo de James Clerk Maxwell sobre el par complementario de electricidad~magnetismo; la conexión del electromagnetismo con la luz y más tarde con las ondas de radio; preparando

233

el camino para la teoría especial de la Relatividad de Einstein.

- Las teorías de Einstein de Relatividad Especial y General, desarrollándose en una nueva forma de describir la relación de los pares complementarios espacio~tiempo, materia~energía, y gravedad~radiación.

- El trabajo de Niels Bohr sobre el par complementario onda~partícula; posiblemente tan importante como el debate mente~cuerpo; el argumento de que tanto la onda como la partícula son características necesarias para poder entender la naturaleza de la luz.

Regresando al análisis de la reconciliación de pares complementarios, Kelso y Engstrøm visualizaron un escenario en el cual cualquier interpretación del par complementario era parcialmente correcta, pero sin que incluyera una solución completa. Esta condición resulta en tener las sumatorias de esa interpretación en particular pensando que su solución es la única que es correcta. Esto se convierte en un problema aún mayor cuando los pares complementarios pueden ser explicados por múltiples interpretaciones, reforzando aún más la premisa de que tal interpretación está incompleta. Ya que los pares complementarios son normalmente vagos e inciertos, visiones contradictorias o diametralmente opuestas pueden coexistir, incrementando la complejidad de la búsqueda de una respuesta completa.

Con respecto a esto, Kelso y Engstrøm (2008, pp. 73-75) propusieron los siguientes elementos para su filosofía de pares complementarios:

1. Los pares complementarios son multi-modales y dinámicos. Cada aspecto complementario, cuando se observa de manera aislada, es un polo que existe solo de manera ideal. Los pares complementarios cambian y se transforman en el espacio~tiempo dependiendo de las circunstancias.

2. Los aspectos complementarios se pueden comportar tanto como "tendencias" o "disposiciones" y como estados bien definidos. Los pares complementarios están abiertos a múltiples interpretaciones.

3. La naturaleza de los pares complementarios, como la naturaleza de la relación "uno/otro~ambos/y," puede ser aterrizada en una dinámica de Coordinación metastable y multifuncional.

4. La Dinámica de Coordinación, el extremo que explica como la relación cerebro~mente funciona, es la fuente de la razón por la cual el mundo se presenta frente a nosotros en pares, y porque percibimos y vivimos nuestras experiencias de estos pares en nuestra naturaleza.

Regresando a Heráclito, Kelso y Engstrøm citan el siguiente pasaje:

Para aquellos que entran en el mismo río son diferentes las aguas que fluyen....Estas se separan y......

235

unen......se juntan y fluyen separadas.....se acercan y se van.....Y la misma situación existe en nosotros vivos y muertos, y los que están despiertos y los dormidos, los jóvenes y los viejos, porque esas cosas que han cambiado alrededor son esas, y estas cosas que han cambiado alrededor son estas (Kelso y Engstrøm, 2008, p. 74).

La Dinámica de Coordinación surgió en los últimos 25 años como una manera de entender la Coordinación entre los sistemas vivos. El concepto está basado en un extenso trabajo teórico y experimental, evidencia, y observaciones de campo, en las áreas de Biología, Fisiología, Física, Neurociencias, Matemáticas, Psicología y Química. Es un ejemplo de colaboración entre muchas áreas de la ciencia en la búsqueda de entender mejor los sistemas complejos a través de la filosofía de los pares complementarios.

La siguiente es una descripción completa de la Dinámica de Coordinación:

La Dinámica de Coordinación, la ciencia de la Coordinación, es un grupo de leyes dependientes del contexto, o reglas que describen, explican, y predicen, cómo patrones de Coordinación se forman, se adaptan, persisten, y cambian en los sistemas naturales. A través de una relación íntima y complementaria entre teoría y experimentación (teoría~experimento), la Dinámica de Coordinación busca el identificar las leyes, principios, y mecanismos que están detrás del comportamiento coordinado entre diferentes tipos de componentes en diferentes clases de sistemas y diferentes niveles de descripción..... La Dinámica de Coordinación ofrece un medio para relacionar fenómenos que ocurren "dentro" de un sistema con fenómenos que van a ocurrir fuera de ese sistema (Kelso y Engstrøm, 2008, p. 90).

La Dinámica de Coordinación aborda el concepto del par Todo~parte, generando una manera de entender como cada organismo está formado por partes individuales que son a su vez formadas por partes individuales de diferentes niveles, yendo hacia abajo en la escala hasta que alcanzan el nivel de partículas sub-atómicas. Dependiendo del ángulo de observación, un "Todo" puede ser una "parte" y una "parte" puede ser un "Todo"; por lo tanto la descripción del sistema requiere el entender la manera en que todas estas partes están interrelacionadas y conectadas para llevar a cabo una función. Existe interrelación dentro de una parte individual en un sistema, entre diferentes partes del mismo sistema, y entre el sistema y otras cosas, tales como el medio ambiente. Es el objetivo de la Dinámica de Coordinación el describir y explicar de una manera complementaria cómo es que las partes se conectan en el espacio~tiempo, y también cómo es que se separan, y además analizar las tendencias de las partes para permanecer unidas en correlación con sus tendencias de permanecer separadas y trabajar juntas como un sistema completo. El cerebro humano, y la naturaleza en general, parecen operar a través de una combinación co-existente de opuestos dinámicos. La dinámica de Coordinación metastable del cerebro explica el por qué la Conciencia humana organiza la realidad en pares binarios, con tendencias co-existentes de integración~segregación y partes~todo, que ocurren en sincronía (Kelso y Engstrøm, 2008, p. 91).

Otro elemento clave de la Dinámica de Coordinación es la información funcional, la cual, siendo específica, determina el significado de la actividad coordinada de un sistema. Esta información ofrece un efecto observable del sistema que está siendo analizado. Las variables coordinadas que están siendo observadas, las cuales son siempre significativas para la estructura de un sistema, son sensitivas al contexto. Una de las hipótesis clave de la Dinámica de Coordinación es que esta dependencia del contexto es complementaria a los principios universales de la Física independientes del contexto. Ambos elementos son requeridos para entender el comportamiento de la naturaleza (Kelso y Engstrøm, 2008, pp. 98-100).

Regresando al estudio de los procesos cerebrales que dieron origen al concepto de la Dinámica de Coordinación, cuando técnicas de imagen tales como EEG, MEG y MRI son utilizadas para medir la actividad del cerebro, un gran elemento de sincronización en los grupos de neuronas es observado. Aproximadamente 10^5 neuronas deben ser sincronizadas en Coordinación auto-organizada para que una señal sea observable. Los procesos paralelos de segregación e integración toman la forma de transientes de fase cerrada dentro y entre diferentes regiones neuronales. Oscilaciones de fase cerrada en diferentes áreas del cerebro, tales como el hipocampo, el cerebelo, el tálamo, la neo-corteza, etc., soportan la Coordinación de actividades (Kelso, 2005, p. 79).

Como se mencionó anteriormente , los elementos de segregación e integración tienen influencia en los estados de independencia total o colaboración completa de las diferentes partes del cerebro. El estado intermedio, régimen idealizado, donde no hay atractores o repelentes sino que hay un punto balanceado, es llamado el *régimen metastable.* La simetría rota de la Dinámica de Coordinación en el cerebro genera una variable y una forma fluida de Coordinación en la cual ambos procesos de segregación y de integración *coexisten al mismo tiempo* en una relación complementaria, también conocida como Coordinación metastable. Las dinámicas de la Coordinación metastable son una característica que puede encontrarse en organizaciones exitosas y sistemas complejos, al igual que en el cerebro humano. La existencia de esta condición de flexibilidad y estabilidad, conocida como metaestabilidad, resulta en la creación de información (Kelso, 2005, p. 81).

METAESTABILIDAD

La Metaestabilidad es el resultado de la simetría rota que ocurre durante el proceso de Coordinación entre osciladores acoplados no lineales (o simplemente no lineales). Esto es encontrado por observaciones empíricas de las zonas cerebrales que soportan los procesos sensoriales, motores, y cognitivos. Acoplamiento no-lineal es requerido para generar el funcionamiento del cerebro, mientras que las diferentes áreas especializadas expresan su autonomía y trabajan unidas con otras áreas especializadas en procesos globales Sinegéticos (Kelso y Tognoli, 2007, pp. 1-2). La Metaestabilidad es reconocida como quizá la más importante dinámica cerebral que es importante entender. En realidad, el cerebro Metastable se comporta con procesos locales y globales que coexisten como pares complementarios. La Metaestabilidad reduce el acoplamiento jerárquico entre las diferentes partes de un sistema complejo, permitiéndoles al mismo tiempo retener sus fuerzas especiales. "No hay un dictador que le diga a las partes qué tienen que hacer. Mucha autonomía de las partes componentes significa que no hay oportunidad de que se tenga Coordinación entre ellas. Por otra parte, demasiada interdependencia y este sistema se queda atorado, se pierde la flexibilidad global" (Kelso y Tognoli, 2007, p. 5).

Una de las características fundamentales de la Metaestabilidad cerebral es que las interacciones que ocurren entre las diferentes regiones del cerebro no son fijas; en realidad, las regiones están constantemente conectándose y desconectándose una de otra, durante tiempos de intensa actividad, cuando grandes cantidades de información están siendo intercambiadas con el medio ambiente, o cuando el cerebro está recibiendo una pequeña cantidad de excitación externa y se encuentra en reposo. Los componentes oscilatorios de las diferentes regiones del cerebro mostrando actividades mutuamente integrativas no están fijas u organizadas de manera precisa en redes predeterminadas; en lugar de esto, están siendo constantemente arregladas y re-arregladas. La evidencia muestra que existe un tipo de metaestabilidad espacio-temporal que cubre la red conceptual entre la propagación, la cual se refiere al comportamiento colectivo ordenado en el espacio, y la sincronización, que se refiere al comportamiento colectivo ordenado en el tiempo, Una condición clave que ocurre en el cerebro es que la simetría rota y la complejidad, expresada por estados de desequilibrio, o acoplamiento débil, el cual genera la existencia de los estados metastables (Tognoli y Kelso, 2014, p. 41).

Procesos cerebrales activos y dinámicos, tales como el percibir, atender, recordar, y decidir, que ocurren a través de la Coordinación de grupos de redes neuronales distribuidas operando en patrones dinámicos. El concepto de Metaestabilidad ofrece evidencia científica de cómo los procesos cognitivos están apoyados por dinámicas integrativas y segregativas. Con estos conceptos en mente, Tognoli y Kelso hacen referencia a la metáfora de William James del flujo del pensamiento, como se describió anteriormente en el libro, el cual relaciona el flujo de conciencia con el vuelo de un pájaro cuya jornada está dividida entre "espacios de descanso" (unión de fases, conceptos integrativos) y "vuelos" (distribución de las fases, conceptos segregativos). Ambos son elementos clave del cerebro y de la actividad de Conciencia (Tognoli y Kelso, 2014, pp. 44-45).

Tononi y Edelman (1998) propusieron la hipótesis del centro dinámico, empezando por la confirmación de que las dos propiedades están presentes en los procesos conscientes. Por lo tanto hay niveles extensos de integración, debido a que cada escena consciente está unificada, junto con alta diferenciación, ya que en un corto tiempo un individuo puede tener un gran número de estados conscientes (p. 1846). Estos son los principales elementos que forman el centro dinámico:

- Es un grupo funcional de grupos neuronales participantes que están mucho más intensamente integrados entre sí que con cualquier otra área del cerebro.

- Es una red de alta complejidad en la cual sus patrones de actividad son seleccionados en un período de tiempo muy corto de un gran número de posibilidades.

- Típicamente incluye regiones del cortico-tálamo posterior, las cuales trabajan en caracterización perceptual con regiones anteriores que trabajan con formación de conceptos, memoria relacionada con valores, y planeación.

- El mismo grupo de neuronas puede ser en algún momento parte de un centro dinámico trabajando en procesos de conciencia, mientras que en otros momentos puede estar involucrado en otro tipo de proceso inconsciente.

- El centro dinámico trasciende límites anatómicos, ya que está basado en conectividad funcional y no en proximidad.

- Con base en evidencia de neuroimágenes, el mismo estado consciente tiene una composición de centro dinámico diferente para individuos diferentes (Tononi y Edelman, 1998, pp. 1849-1850).

Como se describe anteriormente, la hipótesis del centro dinámico es otro concepto de descripciones de procesos cerebrales que muestran una condición de alta complejidad. Más aún, opera bajo conceptos que se encuentran en línea con la Complementariedad.

En estudios recientes acerca de la neurociencia del dolor, algunos elementos de Complementariedad también son encontrados. El dolor es considerado otra condición que incluye sistemas dinámicos y complejos trabajando, incluyendo algunos elementos genéticos trabajando en combinación con condiciones ambientales que resultan en síndromes específicos de dolor. Como lo menciona Giordano (2008), Frauke Musial describió el dolor como "la actividad de patrón temporal y especial de redes neuronales jerárquicas que producen las sensaciones, cogniciones, emociones y comportamientos del dolor" (p. 72).

Los elementos relacionados con la Complementariedad descritos por Giordano son los siguientes:

- Una sola localización no produce dolor, pero el sentir el dolor, el cual es generado por la Coordinación de muchos microsistemas que son parte de un entero entrelazado complejo (el cuerpo~mente).

- La experiencia de dolor es más probablemente única para cada individuo , ya que es un evento fenomenológico, trabajando con un sistema nervioso único y de naturaleza subjetiva.

- El estudio del dolor se ha limitado hasta ahora por el "círculo hermenéutico" el cual indica que para entender las partes se requiere entender el Todo, pero el Todo no puede ser entendido sin entender las partes.

244

- El entendimiento, diferenciación y diagnosis de un dolor específico se apoya grandemente "en un método complementario que significativamente combina datos objetivos con información subjetiva" (Giordano, 2008, p. 72).

En este análisis en particular, se concluye que el dolor no puede ser definido ya sea como un "evento neuronal" o como "un evento de conciencia" sin considerar la Complementariedad de cuerpo~mente, o un sistema en base con mente~cerebro~cuerpo, o un sistema trabajando de arriba hacia abajo en Coordinación con una influencia del medio ambiente (Giordano, 2008, p. 72).

EL NUEVO PARADIGMA EN BIOLOGÍA

Como se describió anteriormente en otro capítulo, el campo de Biología, particularmente, en relación a la investigación del cerebro y Biología Molecular, continúa buscando nuevas teorías que se puedan usar para explicar la complejidad de los sistemas vivos. Mientras los más importantes esfuerzos científicos – basados en métodos reduccionistas y deterministas – han alcanzado grandes avances en el pasado, pero también han encontrado que tienen grandes limitaciones con respecto a proveer beneficios adicionales en el futuro. En realidad, la descripción de la estructura del ADN por Watson y Crick, al igual que el

245

descifrar el código genético, parece que no han dejado lugar para mayores avances en el campo de la Biología Molecular, causando que algunos científicos piensen que ya no hay nada más por descubrir (Vicuña, 2003, pp. 268-269).

El paradigma basado en el descubrimiento de la estructura del ADN y el trabajo sobre los genes ha generado grandes éxitos en Biología Molecular, y continúa generando imágenes de la gran complejidad de los sistemas vivos, pero sus promesas fueron demasiado grandes para poder ser cumplidas, a tal punto que el mismo Francis Crick haya escrito: " Yo pienso que poca gente se ha dado cuenta exactamente qué falla ha resultado todo el trabajo teórico sobre el código genético" (Crick, 1988, p. 4). El trabajo del proyecto del genoma humano prometía entregar una explicación para cada característica de los organismos vivos, usando un método extremadamente reduccionista, lineal y causal, pero su mayor descubrimiento ha sido que no hay una correspondencia directa entre el grado de complejidad y el contenido del ADN. Más aún, no existe correlación entre las propiedades físicas y el número de genes en el ADN de diferentes organismos. La amiba, un pequeño y simple organismo, tiene 200 veces más ADN que los humanos, en un fenómeno conocido como la paradoja del valor – C; similarmente, el genoma humano tiene cerca de 30,000 genes, mientras que algunas plantas de simplicidad genérica aparente tienen cerca de 25,000 genes (Vicuña, 2008, pp. 272-274).

Mientras Theise y Kafatos (2013), al igual que Kelso y Engstrøm (2005) han indicado la necesidad de tener un nuevo método para lograr el siguiente paso en el desarrollo científico de la Biología, Strohman sugiere que las condiciones actuales son similares a una revolución científica que resultara en la aparición de un nuevo paradigma, como es descrito por Thomas Kuhn (Walker, 1999, p. 1). La revolución que siguió después del descubrimiento de la doble hélice (ADN) por Watson y Crick fue un esfuerzo tecnológico que resultó en el entender la naturaleza del código genético, el mecanismo de la síntesis de las proteínas, y el replicar los genes, pero nos deja con una visión muy angosta después de estos grandes logros. Sigue siendo, sin embargo, el campo de la Biología con los mayores fondos para investigación en los Estados Unidos, con su principal enfoque en "clonar genes." Dos situaciones han ocurrido en conexión con el paradigma actual, la primera es el poder aparente del determinismo genético, que ha sido usado para llenar el vacío de no tener una teoría o un paradigma de la vida; la segunda es que una exitosa y extremadamente util teoría y paradigma de los genes se ha extendido ilegítimamente como un paradigma de la vida (Strohman, 1997, pp. 194-195). Recientemente, Strohman (2003) argumenta que la teoría de los genes es crítica pero es sólo un aspecto de la descripción del sistema biológico, ya que no puede por sí misma describir enfermedades complejas tales como el cáncer esporádico y las enfermedades cardiovasculares (Strohman, 2003, p. 169). Más aún, Friehling (2008) indica:

> El reduccionismo genético propone que todos los fenómenos humanos pueden ser fundamentalmente explicados desde un punto de vista genético, mientras que el determinismo genético implica que los seres humanos son el producto exclusivo e inmutable de su estructura genética. El determinismo genético es un concepto sobre-simplificado y desactualizado que no tiene un significado práctico en la comunidad científica moderna (Friehling, 2008, p. 1).

Debido a que los descubrimientos relacionados con la estructura del ADN proveen mucha información y explicaciones sobre el comportamiento de las moléculas, se asumió que esto se podría extender al descubrimiento de programas que describen el comportamiento. Pero aun no se han encontrado programas genéticos, y, mientras que hay evidencia que apunta en la dirección de la existencia de un "programa," no hay seguridad de que este programa se encuentre en nuestros genes. El Genoma parece ser una "base de datos" desde la cual la "dinámica de las redes biofísicas intra- e inter- celulares activamente seleccionan las entradas deseadas de acuerdo con las necesidades actuales del sistema......características que retan las expectativas e ideas de

248

la causalidad lineal y el reduccionismo que caracteriza al paradigma molecular actual (Bizzarri y otros, 2013, p. 34).

El trabajo actual sobre dinámica lineal, teoría compleja, y teoría de caos, parece ser un inicio razonable en la búsqueda de la nueva teoría que se requiere. Strohman concluye: " En la vida, tanto la genética como la dinámica son esenciales. Estas también son irreducibles, significando que una no puede derivarse de la otra de ninguna manera formal. En la vida, la genética y la dinámica son irreduciblemente complementarias" (Walker, 1999, p. 2).

El analizar las condiciones actuales de la Biología Molecular en términos de las propiedades de una revolución científica como es descrita por Kuhn, se consideran tres propiedades claves:

1. La tradición científica normal que emerge de una revolución científica no es sólo incompatible pero con frecuencia es también inconmensurable con aquello que se ha tenido anteriormente (Kuhn, 1996, p. 103). Para alinear las condiciones actuales con esta propiedad, Strohman describe como la Biología de hoy

   Revela una complejidad más grande de lo imaginado – pero una complejidad revelada no es lo mismo que una complejidad entendida. La realidad de que hemos descubierto más de lo que podemos entender – incluyendo las abrumadoras bases de datos de los proyectos del Genoma – sugiere que nuestro presente paradigma tiene faltante algo esencial (Walker, 1999, p. 1).

2. Las anomalías que empiezan a ocurrir con el viejo paradigma parecen ser más que sólo otro acertijo de la ciencia normal, y vienen a ser más generalmente reconocidas de tal forma por los científicos (Kuhn, 1996, p. 82). Strohman observa la relación a esta propiedad indicando que:

> En todos los niveles, uno detecta falta de correlación de la complejidad genética con la complejidad morfológica (La estructura y comportamiento de un organismo). Es decir, por ejemplo, las diferencias en el tamaño del Genoma y la complejidad entre las especies son mucho más pequeñas que las diferencias en la estructura y el comportamiento de las especies (humanos y chimpancés, por ejemplo, teniendo un ADN que es aproximadamente 98% idéntico) (Walker, 1999, p. 2).

3. Un cambio de paradigma está acompañado por una resistencia al cambio. Sin embargo, aun esta resistencia tiene un uso: al asegurar que el viejo paradigma no se rinde tan fácilmente, la resistencia garantiza que las anomalías que llevan

250

al cambio de paradigma penetrarán el conocimiento existente de una manera más profundamente (Kuhn, 1996, p. 65). Para esta propiedad, Strohman describe como los científicos son capaces de reconocer características de un éxito o una falla relativos, perdonando la condición basada en la idea de que la "ciencia siempre es un proceso acumulativo" y las anomalías serán absorbidas por el progreso (Walker, 1999, p. 1).

Con base en este análisis, Strohman concluye que nos encontramos el inicio de una revolución Kuhniana en la Biología, con teorías de sistemas complejos y adaptables, basados en dinámicas no-lineales, que se requieren para dar soporte el nuevo paradigma:

> Todas o la mayoría de las teorías que son candidatas y que he reunido bajo el tema de dinámica contienen referencias al motivo, propósito (telos), y fuerza de voluntad como elementos necesarios de incluirse como partes esenciales e irreducibles de la vida, y todos, de una manera o de otra, cubren esta necesidad sin ser necesario desechar el reduccionismo y la genética, pero complementar estas con la dinámica (Walker, 1999, p, 3).

Esta afirmación tiene un aspecto clave que debe considerarse. Representa una manera de pensar que se encuentra completamente alineada con el concepto de

Complementariedad, sin negar la fuerza y el beneficio del previo aprendizaje del paradigma reduccionista, pero en cambio manteniendo el conocimiento logrado hasta el momento y complementándolo con los descubrimientos que se están logrando con el tiempo de acuerdo a las nuevas teorías basadas en la dinámica que están siendo aplicadas.

Previamente en este capítulo había discutido las herramientas dinámicas basadas en la Dinámica de Coordinación y la Metaestabilidad, las cuales son herramientas relacionadas a la Complementariedad aparentemente alineadas en apoyar el nuevo paradigma que está surgiendo en la Biología. Strohman propone otra teoría potencial, la *epigenética*, que incluye el estudio de mecanismos que tienen un control especial y temporal de las expresiones genéticas en el desarrollo de organismos complejos (Vicuña, 2003, p. 277). La *Epigenética* se define como:

> El estudio de los cambios en expresiones genéticas que ocurren en organismos con células diferenciadas, y la herencia mitótica de patrones específicos de la expresión genética..... (y) la herencia nuclear que no está basada en diferencias de la secuencia del ADN (Holliday, 2002, p. 2).

Strohman (2003) propone el concepto de un *sistema epigenético*, el cual describe la liga entre el genotipo (la estructura genética del organismo) y el fenotipo (como es que el organismo se observa y se comporta). Un sistema epigenético, tiene la habilidad de activar y desactivar elementos del ADN para producir patrones específicos de expresiones genéticas, dependiendo del contexto.

Figura 5

Resumen de un Sistema Epigenético (Strohman, 2003, p.191).

El nuevo paradigma de investigación de la Biología teórica y experimental puede sumarizarse en términos de una Complementariedad irreducible entre la Genética y la Dinámica; ambas son esenciales, pero una no se puede predecir por, o reducir a la otra.

Fenotipo = Genomica x Dinámica (Sistemas Auto-organizados complejos)

Las redes intracelulares auto-organizadas incluyen conexiones metabólicas, insulina, y otras conexiones de señalización. La conexión causal de genoma a fenoma no es directa, lineal, o cerrada. Es distribuida, no-lineal, abierta y circular. El cierre de la relación entre genotipo y fenotipo se logra a través de sistemas dinámicos auto-organizados y el acoplamiento entre el organismo y el medio ambiente.

Otro elemento potencial del nuevo paradigma es el concepto de la Biología de Sistemas, originalmente propuesto por Mesarovic (1968) como un "método de sistemas para representar la aplicación de la Teoría de Sistemas en el estudio y para la explicación de fenómenos biológicos (p. 59). Este concepto incluye dos potenciales vías de análisis hasta el momento. La primera es la Biología de Sistemas Pragmática, la cual se enfoca en interacciones moleculares de gran escala con el propósito de construir redes complejas de señalamiento, describiendo cómo las células usan la información para tomar decisiones. La segunda es la Biología de Sistemas Teórica, la cual propone que los métodos teóricos y metodológicos usados hasta el momento en Biología necesitan ser cambiados drásticamente. Bizzarri y otros (2013) sugieren que la solución es mucho más que sólo la propuesta de un nuevo método:

> Lo que se necesita es proveer una estructura de referencia conceptual capaz de integrar algunos aspectos intrincados, tales como la complejidad, niveles de observación estructurados jerárquicamente, relaciones geométricas, dinámicas no-lineales, modelaje de redes, influencia de limitantes bio-físicas, operación en escalas diferentes, en lugar de únicamente enfocarse en construir modelos de computadora o modelos matemáticos numéricos. Esos aspectos deben de ser considerados colectivamente de tal manera de encontrar principios de organización

255

que definan exactamente la evolución de los sistemas en el espacio y en el tiempo (p. 35).

Como ha sido cierto con los previos conceptos que se han presentado en este libro, la Biología de Sistemas es un candidato ideal para la aplicación de la Complementariedad como una herramienta para sustentar el desarrollo del nuevo paradigma. Como es mencionado por Mesarovic y otros:

> Es bien conocido que en la era post-genoma, la Biología de Sistemas renació de la necesidad. Se volvió aparente que un método holístico en lugar de uno reduccionista era imperativo para poder entender la Biología: no sólo cuántos genes hay o inclusive como están conectados sino como interactúan para resultar en el comportamiento observado del sistema en total (Mesarovic y otros, 2004, p. 19).

El aplicar un método dualista a la ciencia no es suficiente para lograr una descripción holística de los fenómenos. Como es descrito por Etxeberria (2006), un método positivista en Biología "promueve un microdeterminismo en la ciencia en el cual, después de la revolución molecular, algunas propiedades de los organismos que no pueden ser reducidas al dominio microfísico son expresados en términos informacionales" (p. 205). Mientras este método puede considerarse dualista, es todavía reduccionismo y provee una visión incompleta. Etxeberria también reflexiona que, si no hay Complementariedad,

Ni símbolos ni dinámicas son suficientes para explicar la fenomenología de la vida; su entrelazamiento – una explicación física y literal de cómo ciertas moléculas pueden ser mensajes – es la explicación de la ontología de los sistemas vivos como sistemas complejos.....nosotros no seríamos capaces de distinguir ciertos eventos significativos que requieren un entrelazamiento de perspectivas (por ejemplo, la visión desde dentro del sistema y la visión de la interacción del sistema y su medio ambiente) (Etxeberria, 2006, p. 204).

Las descripciones simbólicas o informacionales y las descripciones operacionales de los fenómenos son ambas relevantes. La Complementariedad "es la única posibilidad de evitar el decir que las explicaciones operacionales se alinean con la ontología real, mientras que las explicaciones simbólicas deben de ser referidas al observador" (Etxeberria, 2006, p. 203).

La Complementariedad es necesaria para analizar sistemas complejos que se encuentran en el tercer estado, lejos del equilibrio y distinguidos por una entropía baja. Los sistemas vivos también consisten de niveles de organización jerárquica con diferentes juegos de leyes operando en cada nivel, de manera similar a las leyes de la Física Cuántica operando al nivel sub-atómico y las leyes de la Física Clásica operando al nivel de escala humana. Como es descrito por Bizzarri y otros (2013):

Cuando se analiza el comportamiento del sistema completo, se requiere una teoría operando a los niveles jerárquicos correspondientes. Por lo tanto, un replanteamiento profundo del paradigma biológico se encuentra en proceso y es probable que dicho proceso lleve a una "revolución conceptual" que surja "de las cenizas del reduccionismo" (Bizzarri y otros, 2013, p. 33).

Capítulo 11. Conclusiones

El análisis de la filosofía de la Complementariedad presentado en este libro, empezando por el trabajo de William James y otros psicólogos, ha provisto evidencia de su impacto en la ciencia moderna al trabajar el complejo problema de la Conciencia. Ha sido mostrado que la influencia filosófica de la Complementariedad, cuando es usada como una herramienta heurística en la expansion del conocimiento , ha cruzado las fronteras de diferentes campos de estudio, desde la Psicología, a la Física y a la Biología. Ha también provisto soporte clave para el trabajo de Niels Bohr en la Interpretación de Copenhague de la Mecánica Cuántica como parte de la definición de la estructura del átomo , aun al enfrentarse a oponentes tan formidables como el mismo Albert Einstein.

Este análisis ha provisto evidencia de que algunos de los principales elementos de la Complementariedad han estado presentes en la historia de la ciencia y en la filosofía desde los tiempos iniciales, como es el caso de las ideas de Heráclito sobre la reconciliación de la dualidad mutuamente inclusive "ambos/y" y el concepto de Aristóteles sobre "la regla de oro" o "el punto medio," más aún, la Complementariedad es encontrada más tarde en la historia en los pensamientos de Aquino y Schopenhauer. El método de Complementariedad también muestra un fuerte alineamiento con las filosofías Orientales, tales como el Budismo y el Taoísmo.

El análisis de la relación de los opuestos, como es encontrada en el trabajo de los Alquimistas sobre el concepto de la Boda Alquímica en la búsqueda de la proverbial piedra filosofal, también provee evidencia de tener elementos de Complementariedad. Este precursor histórico, redescubierto posteriormente por Carl Jung y trasladado a sus estudios sobre el psique del humano, a la vez de la colaboración clave con el colega de Bohr, Wolfgang Pauli, expandiéndose en los estudios de Sincronicidad y del *Unus Mundus*.

Si bien resulta claro que el principal impacto de la filosofía de la Complementariedad ocurrió durante el desarrollo de la ciencia moderna y de la Física Cuántica con los trabajos de Niels Bohr, se ha mostrado que la Complementariedad ha continuado teniendo un papel importante en el desarrollo del conocimiento científico como fue el caso con Max Delbrück en la Biología Molecular; más aún, está todavía presente en la ciencia con el trabajo de Theise y Kafatos en el estudio de los sistemas biológicos complejos y en el trabajo de Kelso y otros en el estudio de los procesos cerebrales, aun cuando el concepto haya evolucionado y cambiado su nombre a Dinámica de Coordinación y Metaestabilidad.

Como lo sugiere Strohman, la Biología se encuentra en un punto clave de cambiar paradigmas, alejándose de métodos puramente reduccionistas del método científico tradicional hacia un nuevo paradigma que mantiene el reduccionismo pero provee la oportunidad de agregar otros puntos de vista opuestos, para lograr un resultado más holístico. Basado en la evidencia existente, es claro que la Complementariedad y los métodos basados en Complementariedad jugarán un papel clave en la composición de este nuevo paradigma de la ciencia.

Una de las más importantes características de la filosofía de la Complementariedad es la habilidad de incluir todas las posibilidades, considerando puntos de vista diferentes y opuestos en la búsqueda de una respuesta más completa, incluyendo la aceptación de herramientas reduccionistas en combinación con otros elementos más holísticos. Un punto de aprendizaje clave es que la Complementariedad no rechaza el reduccionismo, sino que lo acepta como parte de una visión mayor.

Además de demostrar el poder de la idea de la Complementariedad en la solución de problemas complejos, el análisis provisto en este libro ha ofrecido una serie de ejemplos que indican la ventaja de la colaboración entre distintas disciplinas de la ciencia, cuando las ideas pueden ser analizadas desde puntos de vista completamente diferentes, y las soluciones a los problemas se forman uniendo una y otra

261

idea a través del reconocer varias soluciones diferentes. Los científicos que se han mencionado en este libro todos ellos muestran similaridades al demostrar un alto nivel de apertura en sus mentes y humildad para escuchar ideas de científicos fuera de sus campos de estudio, y considerar ideas filosóficas que han trascendido el tiempo y la geografía. Esta apertura permitió a estos científicos construir sus teorías e incrementar el conocimiento considerablemente. La fuerza de la Complementariedad para considerar visiones opuestas para construir una realidad mayor, provee una opción ponderosa a la tendencia tradicional de la ciencia de demostrar la validez de una solo opción, y al mismo tiempo reforzarla demostrando las debilidades de la opción opuesta. El alineamiento de la Complementariedad con las tradiciones Orientales provee una manera adicional de considerar el cambio de paradigma de la ciencia al poner atención a las filosofías orientales en paralelo con la búsqueda de nuevo conocimiento.

Uno de los puntos de aprendizaje basados en este análisis es que el concepto de Complementariedad tiene una aplicación mucho más amplia que simplemente su relación con la manera en que fue utilizada por Niels Bohr en Física Cuántica. La ciencia y cultura Occidental ha trabajado bajo el paradigma Newtoniano por los últimos 300 años, siguiendo una visión de la naturaleza que ha sido reduccionista, determinista y mecánica. Este paradigma, que ha sido muy exitoso, ha provisto grandes avances en la ciencia y la tecnología, sin embargo, parece llegar a su límite al abordar ciertos problemas complejos, particularmente los que se relacionan con la complejidad de los sistemas vivos. El paradigma Newtoniano, una visión unilateral de la causalidad, es atractivo porque es simple; y aún más, la búsqueda de la simplicidad ha sido uno de los objetivos de la ciencia. En la búsqueda de la simplicidad, tal vez hemos forzado visiones unilaterales en la búsqueda de explicaciones, pensando que, si una explicación no es unilateral, debe estar equivocada. Alguna de la evidencia mostrada aquí indica que la naturaleza puede no sólo tener dos explicaciones, sino que pueda tener multiples explicaciones juntas.

La naturaleza es compleja, aun si hemos enfocado nuestros esfuerzos en buscar respuestas simples. Más aún, las descripciones en el análisis de la Complementariedad en este libro muestran que nada en la naturaleza existe por sí solo; al contrario, las cosas siempre existen en relación a otras cosas. Los pares complementarios existen en relación unos con los otros, pero también están coordinados en relación a otros pares complementarios, ligados todos juntos en niveles de jerarquía y patrones que forman sistemas colaborativos altamente eficientes, tales como el cerebro humano. La base de la perspectiva de los niveles de observación y de medición son claves para el resultado; en síntesis, la medición no puede considerarse completa sin considerar la estructura completa del sistema. Las acciones de medición crean un sistema formado por lo observado y el observador, pero también estos son parte de sistemas más grandes, y las interacciones entre sí deben tomar en consideración el contexto de sus interacciones con otros componentes del sistema entero. Cualquier medición que limita los niveles de interacción que se incluyen en la observación sólo proveen una aproximación de la realidad completa. Tales aproximaciones, las cuales han demostrado tener un gran valor práctico, pueden ser suficientes para encontrar respuestas a problemas científicos hasta ahora, pero se ha encontrado que son incrementalmente incompletas en permitir la explicación de procesos complejos tales como el problema de la Conciencia y los organismos vivos.

El paradigma Newtoniano ha generado modelos mentales en la ciencia y en la cultura que han llegado a tener limitaciones en el lenguaje. La Complementariedad ha sido también un ejemplo de como el lenguaje necesita expandirse para poder cubrir las explicaciones de la naturaleza de las cosas, en lugar de reducir las descripciones a definiciones finitas limitadas por el lenguaje y las técnicas de medición disponibles. Sin perder la validez de la practicidad de las descripciones para obtener resultados operacionales que puedan ser suficientes para alguna tarea específica, debemos abrir nuestras mentes para romper las barreras y las limitaciones generadas por nuestros modelos mentales.

Además, para sustentar las explicaciones de los sistemas complejos, el nuevo paradigma que se está generando, basado en una visión complementaria de la naturaleza, puede proveer la oportunidad de definir nuevos modelos mentales construidos con base en las diferencias. Estos modelos podrían incluir la Coordinación de los opuestos como algo necesario para crear un Todo más amplio. En el futuro, esta manera de ver la naturaleza podría tal vez también ser util al tratar de ayudar con problemas sociales aún presentes en nuestras culturas hoy en día, creando una expansión que ayude a las divisiones relacionadas con diferencias raciales, religiosas o políticas. Si nosotros entendemos que todos somos parte de un Todo más grande y Complementario (aun y cuando no siempre sea obvio), tal vez podamos entender la coordinación y colaboración para los cuales los sistemas vivos están diseñados.

REFERENCIAS

Atmanspacher, H., & Primas, H. (2006). Pauli's ideas on mind and matter in the context of contemporary science. *Journal of Consciousness Studies, 13*(3), 1-41.

Atmanspacher, H., & Primas, H. (2009). *Recasting reality: Wolfgang Pauli's philosophical ideas and contemporary science.* Berlin, Germany: Springer-Verlag.

Atmanspacher, H. (2012). Dual-aspect monism a la Pauli and Jung. *Journal of Consciousness Studies, 19*(9-10), 1-22.

Atmanspacher, H., & Fuchs, C. (2014). *The Pauli-Jung Conjecture and its impact today.* Exeter, UK: Imprint Academic.

Beller, M. (1999). *Quantum dialogue: The making of a revolution.* Chicago, IL: The University of Chicago Press.

Bizzarri, M., Palombo, A., & Cucina, A. (2013). Theoretical aspects of systems biology. *Progress in Biophysics and Molecular Biology, 112,* 33-43.

Bohm, D. (1951). *Quantum theory.* New York, NY: Dover Publications.

Bohr, N. (1934). *The philosophical writings of Niels Bohr: Vol. I, Atomic theory and the description of nature.* Woodbridge, CT: Ox Bow Press.

Crick, F. (1988). *What mad pursuit: A personal view of scientific discovery.* New York, NY: Basic Books.

De Gregorio, A. (2008). *Bohr's way to defining complementarity.* A talk delivered at the Second International Conference on the History of Quantum Physics, Utrecht, The Netherlands. Retrieved from: http://arxiv.org/ftp/arxiv/papers/1212/1212.6481.pdf

Exteberria, A. (2006). Complementarity and closure. *Annals of the New York Academy of Sciences, 901,* 198-206.

Faye, J. (1991). *Niels Bohr: His heritage and legacy.* Boston, MA: Kluwer Academic Publishers.

Favrholdt, D. (1992). *Niels Bohr's philosophical background.* Copenhagen, Denmark: Det Kongelige Danske Videnskabernes Selskab.

Folse, H. (1945). *The philosophy of Niels Bohr: The framework of complementarity.* Amsterdam, The Netherlands: North-Holland Physics Publishing.

Friehling, J. (2008). Genetic paradigms: Lost in translation. In *Writing 20 (Spring 2008): Genetics and Society: Promise or Peril? Professor Robin Smith.* Retrieved from: https://twp.duke.edu/uploads/assets/Friehling.pdf.

Friston, K. (1997). Transients, metastability, and neuronal dynamics. *Neuroimage, 5,* 164-171.

Gieser, S. (2005). *The innermost kernel: Depth psychology and quantum physics. Wolfgang Pauli's dialogue with C. G. Jung.* New York, NY: Springer.

Giordano, J. (2008). Complementarity, brain ~ mind and pain. *Forschende Komplementärmedizin, 15,* 71-73.

Greenberg, D., Hentschel, K., & Weinert, F. (2009). *Compendium of quantum physics: Concepts, experiments, history and philosophy.* New York, NY: Springer.

Grossberg, S. (2000). The complementary brain: Unifying brain dynamics and modularity. *Trends in Cognitive Sciences, 4,* 233-246.

Hawkins, S. L. (2011). William James, Gustav Fechner, and early psychophysics. *Frontiers in Physiology, 2*(68), 1-10.

Hellyer, P., Shanahan, M., Scott, G., Wise, R., Sharp, D., & Leech,

R. (2014). The control of global brain dynamics:
Opposing actions of frontoparietal control and default
mode networks on attention. *The Journal of
Neuroscience, 34*(2), 451-461.

Hinterberger, T., & Von Stillfried, N. (2012). The concept of
complementarity and its role in quantum
entanglement and generalized entanglement.
Axiomathes, 22(1), 1-16.

Holder, L. (2007). *Pauli's Exclusión principle and Jung's
archetype theory: A hermeneutic dialogue.* (Doctoral
Thesis). Retrieved from ProQuest Dissertations and
Theses, UMI Number 3318843.

Høffding, H. (1892). *Outlines of psychology.* New York, NY:
MacMillan and Company.

Høffding, H. (1912). *A brief history of modern philosophy.* New
York, NY: MacMillan and Company.

Holliday, R. (2002). Epigenetics comes of age in the twenty-
first century. *Journal of Genetics, 81*(1), 1-4.

Holliday, R. (2006). Physics and the origins of molecular
biology. *Journal of Genetics, 85*(2), 93-97.

Holton, G. (1970). The roots of complementarity. *Daedalus,*

99(4), 1015-1055.

Holton, G. (1973). *Thematic origins of scientific thought: Kepler to Einstein*. Cambridge, MA: Harvard University Press.

Jahn, R. G. (1991). The complementarity of consciousness. *Technical Note PEAR 91006*. Princeton, NJ: Princeton University, Princeton Engineering Anomalies Research.

James, H. (1920). *The letters of William James, Vol. 2*. Edited by his son, Henry James. Boston, MA: The Atlantic Monthly Press.

James, W. (1890). *The principles of psychology, Vol. 1*. New York, NY: Cosimo Classics.

James, W. (1978). *Essays in philosophy*. Cambridge, MA: Harvard University Press.

James, W. (1987). *William James, Writings 1902-1910*. New York, NY: The Library of America.

James, W. (2009). *Pragmatism*. Los Angeles, CA: Indo European Publishing Co.

Jammer, M. (1966). *The conceptual development of quantum mechanics*. In *The history of modern physics 1880-1950, Vol. 12*. New York, NY: McGraw-Hill.

Ji, S. (1995). Complementarism: A biology-based philosophical framework to integrate Western science and Eastern Tao. In Korean Academy of Psychotherapists, Ed., *Psychotherapy East and West: Integration of psychotherapies*, pp. 518-548.

Jung, C. G., & Pauli, W. E. (1950), *The interpretation of nature and the psyche: Synchronicity – An acausal connecting principle/The influence of archetypal ideas on the scientific theories of Kepler.* New York, NY: Ishi Press International.

Jung, C. G. (1956). *Symbols of transformation, Vol. 5 of The Collected Works*, Bollingen Series XX. Princeton, NJ: Princeton University Press.

Jung, C. G. (1963). *Mysterium coniunctionis, Vol. 14 of The Collected Works*, Bollingen Series XX. Princeton, NJ: Princeton University Press.

Jung, C. G. (1960). *The structure and dynamics of the psyche*, Vol. 8 of *The Collected Works*, Bollingen Series XX. Princeton, NJ: Princeton University Press.

Jung, C. G. (1968). *Psychology and alchemy*, Vol. 12 of *The Collected Works*, Bollingen Series XX. Princeton, NJ: Princeton University Press.

271

Katsumori, M. (2011). *Niels Bohr's complementarity: Its structure, history, and intersections with hermeneutics and deconstruction*. New York, NY: Springer.

Kelso, J. A. (2005). The complementary nature of coordination dynamics: Toward a science of the in-between. In R. R. McDaniel and D. J. Driebe, Eds., *Uncertainty and surprise in complex systems*. Berlin, Germany: Springer-Verlag.

Kelso, J. A., & Tognoli, E. (2007). Toward a complementary neuroscience: Metastable coordination dynamics of the brain. In R. Kozma and L. Perlovsky, Eds., *Neuro-dynamics of higher-level cognition and consciousness*. Heidelberg, Germany: Springer.

Kelso, J. A., & Engstrøm, D. A. (2008). *The complementary nature*. Cambridge, MA: The MIT Press.

Kuhn, T. (1996). *The structure of scientific revolutions* (3rd ed.). Chicago, IL: The University of Chicago Press.

Laszlo, E. (1991). The systems approach to sustainable development. Paper prepared for the *International Forum of Sustainable Development*, UNESCO. Paris, France, 23-25 September 1991.

Lindorff, D. (2004). *Pauli and Jung: The meeting of two great*

272

minds. Wheaton, IL: Quest Books.

Lloyd, D. (2002). Functional MRI and the study of human consciousness. *Journal of Cognitive Neuroscience, 14*(6), 818-831.

Manninen, J., & Stadler, F. (2010). *The Vienna Circle in the Nordic countries: Networks and transformation of lógical empiricism.* New York, NY: Springer.

Mazzocchi, F. (2010). Complementarity in biology: A reassessment in relation to molecular-reductionist and systemic approaches. *European Molecular Biology Organization Reports, 11*(5), 339-344.

McEvoy, P. (2001). Niels Bohr: Reflections on subject and object. In *The Theory of Interacting Systems, Vol. 1.* San Francisco, CA: Microanalitix.

McFarlane, T. (2000). Quantum physics, depth psychology, and beyond. *Integral Science.* Retrieved from http://www.integralscience.org/psyche-physis.html

McKaughan, D. (2005). The influence of Niels Bohr on Max Delbrück: Revisiting the hopes inspired by "Light and Life." *Isis, 96,* 507-529.

Meier, C. A. (2001). *Atom and archetype: The Pauli/Jung letters,*

1932-1958. London, UK: Routledge.

Mesarovic, M. D. (1968). Systems theory and biology – view of a theoretician. In Mesarovic, M. D. Ed., *Systems theory and biology. Springer Verlag, 351*, 59-87.

Mesarovic, M. D., Sreenath, S.N. & Keene, J.D. (2004). Search for organizing principles: understanding in systems biology. *Systems Biology, 1*, 19-27

Meyer-Abich, K. M. (2004). Bohr's complementarity and Goldstein's holism in reflective pragmatism. *Mind and Matter, 2*(2), 91-103.

Miller, A. (2009). *Deciphering the cosmic number: The strange friendship of Wolfgang Pauli and Carl Jung.* New York, NY: W. W. Norton & Company.

Moreira, R. (1994). Høffding and Bohr: Waves or particles. In A. Van der Merwe & A. Garuccio, Eds., *Waves and particles in light and matter.* New York, NY: Springer Science+Business Media.

Munk, H. (1881). *Über die Funktionen der Grosshirnrinde: Gesammelte Mitteilungen aus den Jahren 1877-80.* Berlin, Germany: VDM Verlag.

Pashley, R. (2008). *Jung's metapsychology and the contribution*

of Pauli's quantum philosophy to its development.
(Doctoral Thesis). Retrieved from ProQuest
Dissertations and Theses, UMI Number 3338866.

Pauli, C. W. H. (1863). *The great mystery: Or how can three be
the one?* London, UK: William Macintosh.

Pattee, H. (1979a). The complementarity principle and the
origin of macromolecular information. *BioSystems, 11*,
217-226.

Pattee, H. (1979b). Complementarity vs. reduction as
explanation of biológical complexity. *American Journal
of Physiology – Regulatory, Integrative and Comparative
Physiology, 236*, 241-246.

Pihlström, S. (2010). Nordic pragmatism. *European Journal of
Pragmatism and American Philosophy, 2*(1), 1-17.
Retrieved from http://www.nordprag.org/ papers/
Pihlstrom-Nordic Pragmatism.pdf

Pind, J. (2014). *Edgar Rubin and psychology in Denmark.* New
York, NY: Springer.

Pringe, H. (2007). *Critique of the quantum power of judgment.*
Göttingen, Germany: Hubert & Co.

Plotnitsky, A. (1994). *Complementarity: Anti-epistemology after*

Bohr and Derrida. Durham, NC: Duke University Press.

Plotnitsky, A. (2013). *Niels Bohr and complementarity: An introduction.* New York, NY: Springer.

Richardson, R. (Ed.). (2010). *The heart of William James.* Cambridge, MA: Harvard University Press.

Roll-Hansen, N. (2000). The application of complementarity to biology: From Niels Bohr to Max Delbrück. *Historical Studies in the Physical and Biológical Sciences, 30*(2), 417-442.

Roth, R. (2011). *Return of the world soul: Wolfgang Pauli, C. G. Jung and the challenge of psychophysical reality, Part I: The battle of the giants.* Pari, Italy: Pari Publishing.

Roy, S., & Kafatos, M. (1999). Complementarity principle and cognition process. *Physics Essays, 12*(4), 662-668.

Saunders, S. (2004). Complementarity and scientific rationality. *Foundations of Physics, 35*(3), 417-447.

Seager, W. (2009). A new idea of reality: Pauli on the unity of mind and matter. In H. Atmanspacher & H. Primas, Eds., *Recasting reality: Wolfgang Pauli's philosophical*

ideas and contemporary science. Berlin, Germany:
Springer-Verlag.

Segre, G. (2007). *Faust in Copenhagen: A struggle for the soul of physics.* New York: NY: Penguin Books.

Sloan, P., & Fogel, B. (2011). *Creating a physical biology: The three-man paper and early molecular biology.* Chicago, IL: The University of Chicago Press.

Stapp, H. P. (1972). The Copenhagen interpretation. *American Journal of Physics, 40,* 1098-1116.

Stapp, H. P. (2007). *Mindful universe: Quantum mechanics and the participating observer.* New York, NY: Springer.

Strohman, R. (1997). The coming Kuhnian revolution in biology. *Nature Biotechnology, 15,* 194-200.

Strohman, R. (2003). Genetic determinism as a failing paradigm in biology and medicine: Implications for health and wellness. *Journal of Social Work Education, 39.2,* 169-191.

Tanona, S. (2002). *From Correspondence to complementarity: The emergence of Bohr's Copenhagen interpretation of quantum mechanics.* (Doctoral Thesis). Retrieved from ProQuest Dissertations and Theses, UMI Number

Theise, N., & Kafatos, M. (2013). Complementarity in biológical systems: A complexity view. *Wiley Periódicals Inc.,* *18*(6), 11-20.

Tognoli, E., & Kelso, J. A. (2014, January). The metastable brain. *Neuron, 81*(1), 35-48.

Tononi, G. (2004). Consciousness and the brain: Theoretical aspects. In G. Adelman & B. H. Smith, *Encyclopedia of Neuroscience,* 3rd ed.

Tononi, G., & Edelman, G. (1998), Consciousness and complexity. *Science, 282*, 1864-1868.

Valsiner, J. (2013). Inaugural lecture of the Niels Bohr professorship. Aalborg, Denmark: Centre of Cultural Psychology, University of Aalborg.

Velmans, M. (1993). Consciousness, causality and complementarity. *Behavioral and Brain Sciences, 16*(2) 538-541.

Velmans, M. (1996). Consciousness and the causal paradox. *Behavioral and Brain Sciences, 19*(3), 538-542.

Vicuña, R. (2003). Science never ends: A new paradigm is

being born in biology. *Scripta Varia, 105,* 267-277.

Von Franz, M. L. (1988). *Psyche and matter.* Boston, MA: Shambala.

Von Franz, M. L. (1974) *Number and time: Reflections leading toward a unification of depth psychology and physics.* Evanston, IL: Northwestern University Press.

Walker, C. (1999). The upcoming biológical revolution: An interview with Richard Strohman. *Wild Duck Review, Biotechnology, V*(2), 1-5.

Zabriskie, B. (1995). Jung and Pauli: A subtle asymmetry. *The Journal of Analytical Psychology, 40,* 531-553.

Made in the USA
Middletown, DE
30 September 2020